Hans Dutschke

Antike Bildwerke in Oberitalien

Hans
Dütschke

Antike Bildwerke in Oberitalien

ISBN/EAN: 9783743446021

Hergestellt in Europa, USA, Kanada, Australien, Japan

Cover: Foto ©Thomas Meinert / pixelio.de

Manufactured and distributed by brebook publishing software (www.brebook.com)

Hans
Du

tschke

Antike Bildwerke in Oberitalien

ANTIKE BILDWERKE

IN

OBERITALIEN.

BESCHRIEBEN

VON

HANS DÜTSCHKE
Dr. Phil.

I.

DIE ANTIKEN BILDWERKE DES CAMPO SANTO ZU PISA.

LEIPZIG
VERLAG VON WILH. ENGELMANN
1874.

DIE
ANTIKEN BILDWERKE
DES
CAMPO SANTO ZU PISA.

BESCHRIEBEN

VON

HANS DÜTSCHKE
Dr. Phil.

LEIPZIG
VERLAG VON WILH. ENGELMANN
1874.

MEINEM VEREHRTEN LEHRER

ALEXANDER CONZE.

Vorwort.

Als nach der Schlacht bei Ptolemais der Pisaner Erzbischof Ubaldo de' Lanfranchi aus Palästina in seine Vaterstadt zurückgekehrt war, fasste er den Plan, die aus dem heiligen Lande mitgebrachte Erde zur Anlage eines Campo Santo in Pisa zu verwenden. Im Jahre 1278 wurden die denselben umgebenden Baulichkeiten begonnen und 1283 unter Leitung des Giovanni da Pisa vollendet. 1297 begann man, die an den äusseren Wänden des Domes befindlichen antiken Sarkophage an die Aussenwand des Campo Santo zu versetzen. Allein dieselben litten hier, an einem dem Regen und anderen Einflüssen ausgesetzten Orte, dermassen, dass man sich endlich entschloss, sie im Inneren des Campo Santo unterzubringen. Ihre Zahl muss dann in der Folge schnell gewachsen und durch antike Fragmente anderen Ursprungs vermehrt sein, so dass schon die Königin Christine von Schweden den Campo Santo ein »nobile Museo« genannt haben soll. Die Sammlung wurde zunächst bekannter durch das Werk MORRONA's (»Pisa illustrata«, Livorno 1787), welcher die wichtigsten der hier erhaltenen Denkmäler besprach und eifrigst dafür wirkte, die in Pisa und Umgebung vorhandenen Antiken, die meistentheils in Privathäusern zerstreut waren, im Campo Santo zu vereinigen. Der zum Conservator des Museums ernannte CARLO LASINIO, unternahm es dann, die Bildwerke neu zu ordnen und sein Sohn PAOLO LASINIO gab Abbildungen derselben heraus: »Raccolta di sarcofaghi, urne e altri monumenti di scultura del Campo Santo di Pisa, intagliati da Paolo Lasinio, Figlio. Pisa 1814«. Der Werth dieser Publication ist leider bei den grossen Ungenauigkeiten der Abbildungen für die moderne wissenschaftliche Benutzung ziemlich gering, abgesehen davon, dass später hinzugekommene Denkmäler unbekannt geblieben sind. Eine neue vollständige Katalogisirung des Vorhandenen dürfte daher wol am Platze sein. Ich habe mich während eines mehrmonatlichen Aufenthaltes in Pisa dieser Arbeit unterzogen. Bedauern muss ich nur, dass mir für die Feststellung der Herkunft der Bildwerke fast nichts als Notizen, die sich zerstreut bei MORRONA, LASINIO oder GORI finden, zu Gebote standen. Was ferner die literarischen Nachweise der bereits besprochenen, sowie die Heranziehung anderer zur Erklärung nothwendiger Monumente betrifft, so zweifle ich nicht, dass in dieser Hinsicht meine Arbeit manche Lücke aufweist. Allein dieser Uebelstand liess sich bei dem grossen Mangel wissenschaftlicher Hilfsmittel in Florenz nicht umgehen. Die Benutzung der Bibliothek des archäologischen Institutes zu Rom war mir nur auf kurze Zeit möglich.

Dem vorliegenden Werkchen gedenke ich demnächst zwei weitere Theile folgen zu lassen, eine Beschreibung der Denkmäler des Museums zu Mantua, sowie eine Katalogisirung der zerstreuten Antiken von Florenz, und hoffe, dass beide wie der erste vorliegende Theil den deutschen Archäologen, welche die betreffenden Denkmäler nicht an Ort und Stelle haben studiren können, willkommen sein werden.

Florenz, Januar 1874.

Dr. Hans Dütschke.

Abkürzungen.

r. = rechts. l. = links. v. = von. n. = nach. die R. = die Rechte. die L. = die Linke. Gsl. = Gesichtslänge. H. = hoch. B. = breit. T. = tief. e. f. = en face. e. pr. = en profil. Vorders. = Vorderseite. Schmals. = Schmalseite. P. i. = Pisa illustrata. LASINIO R. = L. Raccolta etc. Griech. = Griechisch. Ital. = Italisch.

A. Aeussere Wand.

I. Nordcorridor.

No. 1—61.

1. Fragment eines Flachreliefs. Die drei Chariten.

H. 0,51. B. 0,28. — Griech. Marmor. R. und l. abgebrochen. Oben und unten der Rand erhalten. Mehrfach beschädigt. — Abgebildet LASINIO: »Raccolta di sarcofaghi, urne e altri monumenti di scultura del Campo Santo di Pisa. Pisa 1814.« t. CXL.

Die beiden Chariten r. und l. sind e. f. gebildet, die mittlere rückwärts. Diese wendet den Kopf n. r. und umfasst mit den Armen ihre beiden Gefährtinnen. Die Figur r. hat den r. Arm über die l. Schulter der mittleren gelegt. Alle drei sind nackt. Ihr Haupthaar ist hinten in einen Knoten zusammengebunden. R. am Boden der Ueberrest eines rundlichen Gegenstandes.

Ueber diese Darstellungsart der Chariten vgl. MASSIEN in »Académie des inscriptions« Vol. III. Dieselbe Gruppe kehrt oft wieder; vgl. VISCONTI Mus. Pio-Clem. IV, 32; Mon. Borghes. t. XIII p. 103.

2. Fragment eines Hochreliefs. Attischer Grabstein.

H. 2,02. B. 1,15. T. 0,29. — Pentel. Marmor. Oben an beiden Ecken abgebrochen. Der Rand unten erhalten. Es fehlen Kopf der Figur r. sowie des von ihr gehaltenen Kindes, Nase, Kinn und r. Hand der Figur l. und beide Stuhlbeine. Auch sonst beschädigt. — Abgebildet Annali dell' Istituto arch. 1834. tav. d'agg. F. Besprochen ebend. p. 236 von ROSELLINI. Nach Pisa kam das Relief als Geschenk eines türkischen Pascha's, der es aus Athen gebracht haben soll, an den Arzt Vacca und 1821 durch die Brüder »Luigi e Tito Milliotti« in die Sammlung des Campo Santo.

L. sitzt auf einem Stuhl mit rundgedrechselten Beinen, auf dem ein Kissen liegt, eine Frau n. r. Sie ist bekleidet mit dem langen, dorischen Chiton, der an den Armen zugenestelt ist. Darüber trägt sie ein Obergewand, das schleierartig über den Kopf emporgezogen ist. Während sie mit zwei Fingern der l. Hand den Saum dieses Gewandes über der Schulter in die Höhe hebt, hält sie mit der r. Hand einen Theil desselben auf dem Schosse zusammengerafft. Ihr welliges Haar ist in der Mitte gescheitelt. Die Füsse ruhen auf einem viereckigen Schemel mit Löwenfüssen. Vor ihr steht r. eine Frau (e. f.), bekleidet mit Schuhen, langem dorischen Chiton und einem Obergewand, welches, wie ein Mantel umgenommen, fast den ganzen Körper, mit Ausnahme des Busens bedeckt. An diesem hält sie mit beiden Händen ein Wickelkind. Ihr Kopf war n. l. geneigt.

Ueber das Motiv des Schleieranfassens als des symbolischen Ausdruckes des Abschiednehmens und Sterbens cf. PERVANOGLU Griech. Grabst. p. 46. Ueber das Local der dargestellten Handlung vgl. MICHAELIS, Arch. Zeit. 1872 p. 138. Sehr ähnlich ein Relief bei WINCKELMANN Monum. ined. 71 = VISCONTI Mon. Borghes. II t. IX, die es noch auf den Telephosmythos bezogen und ein anderes bei PERVANOGLU a. a. O. No. 2. Die starke Relieferhebung sowie auch die Enface-Stellung der Frau r. (vgl. CONZE, Preuss. Jahrb. XXVII p. 154) weisen den Pisaner Grabstein nicht mehr der besten Zeit zu, vielleicht dem 3. Jahrhundert.

3. Ovaler römischer Sarkophag.

H. 1,02. T. (oben) 1,10. (Unten schmaler). — Griech. Marmor. Abgebr. r. Hand und Gesicht der Frau und des Mannes; ferner ein Theil von dem Stabe des letzteren. — Abgeb. LAS. R. t. I: »traslato dalla soppressa chiesa di S. Zeno.« — Bespr. MORRONA: »Pisa illustrata« II p. 277. vgl. U. KÖHLER in Annali d. I. 1863 p. 468.

Die Vorderseite des Sarkophags ist in Schlangenlinien cannelirt; zwischen den Cannelüren in der Mitte eine schmale Amphora mit Deckel. Wo die Biegung der Vorders. beginnt, spriessen r. und l. vom unteren Rande Akanthusblätter empor, über denen sich l. die Gestalt einer Frau (bis über die Schenkel) r. die eines Mannes in Hochrelief erhebt. Die Frau ist bekleidet mit einem dorischen Chiton mit gegürtetem Ueberschlag und einem Obergewande, das hinter ihr im Bogen emporweht und mit den Enden um ihre Arme geschlungen ist. Das in der Mitte gescheitelte wellige Haar hängt wie bei den Köpfen der Julia Maesa nach hinten herab. Zwei kleine Löckchen legen sich vor den Ohren an die Wangen und zwei lange Locken fallen von hinten auf den entblössten Hals herab. Der bärtige Mann trägt eine Aermeltunica und Toga mit balteus (vgl. MARQUARD Röm. Privatalterthümer I p. 166 ff.). Hinter seinem Haupte ist ein Parapetasma aufgehängt. In der L. hält er einen Stab, auf dessen oberem Ende sich die Büste eines bärtigen Mannes mit Flügeln auf dem Kopfe befindet. Durch die Haare desselben geht ein Band. An

I. Nordcorridor.

den Schmalseiten des Sarkophages verticale Canneluren. deren unteres Drittel ausgefüllt ist.

In Betreff der Büste auf dem Scepter vgl. den Antoninus Pius auf der Basis der villa Pamfili (abgebildet Monumenti d. I. VI und VII tav. LXXVI, 1 und 2), der ein ähnliches Scepter mit Büste hält. Bespr. U. KÖHLER, Annali d. I. 1863 p. 195. — Nach GORI Thesaurus veterum diptychorum I p. 22 f. bedeutet die Büste auf dem Scepter das Bildniss des Kaisers, unter dessen Regierung der Consul gewählt wurde. Beispiele bei GORI a. a. O. Vgl. Museum Veronense CXI. Eine Büste des Hadrian und des Aelius Caesar (?) findet sich auf dem Florentiner Kriegerrelief, publicirt Arch. Zeit. XXVIII p. 29 ff. Taf. 29. Vgl. ebendaselbst p. 32 Anm. 17. — Das Motiv der aus Blätterkelchen aufspriessenden Büsten kommt oft vor, so bei einem Sarkophag in Rom, Corso No. 173 (im Hofe als Brunnentrog benutzt und einem im Hofe des Palazzo Giustiniani. Vgl. BENNDORF und SCHÖNE Later. Mus. No. 197 und die Antinoosbüste im Vatican bei VISCONTI Mus. Pio-Clem. VI t. XLVII, sowie neuestens E. HÜBNER's Berliner Winckelmannsprogramm: Bildniss einer Römerin (d. s. g. Clytia) Berl. 1873. — Aus der Haarbehandlung bei der Frau schliesst U. KÖHLER a. a. O. p. 468, dass der Sarkophag dem 3. Jahrhundert angehöre. Die Arbeit ist frisch und lebendig und gehört auf keinen Fall einer späteren Zeit an.

4. Viereckige Aschenkiste.

Deckel von Alabaster. L. 0,70. B. 0,26.

Die vier Seiten dieser auf Klotzfüssen ruhenden Aschenkiste sind glatt. Auf dem Deckel liegt eine weibliche Figur mit Halsband und Stephane geschmückt. Ihr Chiton mit kurzen Aermeln ist über der Brust durch Kreuzbänder zusammengehalten. Ein Obergewand, welches die Beine bedeckt, ist im Rücken emporgezogen. Mit dem Oberkörper lehnt sich die Figur an zwei Kissen, auf denen auch ihr l. Arm ruht.

5. Relieffragment eines runden Gefässes.

H. 0,36. — Ital. Marmor. R. und l. abgebrochen. Mehrfach beschädigt. Oben und unten ist der flache Rand erhalten. — Abgebildet LASINIO R. tav. LII, 90.

L. am Rande befindet sich der Ueberrest eines rundlichen Gegenstandes. Unter diesem ruht der bärtige Okeanos (n. l. Das Gewand, das seine Beine bedeckt, ist im Rücken emporgezogen. Sein l. Arm stützt sich auf eine liegende Urne, aus der Wasser fliesst. Die l. Hand hält einen Schilfzweig. R. neben Okeanos steht Apollon. Sehr ungeschickt ist die Wendung seines Oberkörpers nach vorn, während der Unterkörper rückwärts gebildet ist. Das lockige Haar ist hinten in einen Knoten zusammengebunden. In der L. hält er die Lyra (testudo). Von den Schenkeln an abwärts bedeckt ihn ein Gewand, dessen eines Ende über den l. Arm geschlagen ist. Mit der R. greift er nach dem anderen Ende desselben. Es ist bandartig verlängert und wird weiter r. von einem n. r. springenden gehörnten Pan gehalten, dessen Schamtheile es zugleich verdecken soll. Pan wendet den Kopf n. l. Zu seinen Füssen ruht ein Widder n. l., den Kopf n. r. wendend. R. von ihm eine tanzende Jungfrau mit lockigem Haar, bekleidet mit dem langen Chiton (mit gegürtetem Ueberschlag), der vorn auseinanderflattert und das nackte l. Bein sehen lässt. Mit der R. erhebt sie über der r. Schulter ein Tympanon. Die herabhängende L. scheint ein Pedum gehalten zu haben. — Schlechte, dürftige Arbeit.

Ueber eine, an antiken Bildwerken seltene, absichtliche Verhüllung der Geschlechtstheile vgl. BENNDORF und SCHÖNE Later. Mus. No. 194. Sehr ähnlich ein als Brunnentrog benutzter Sarkophag in Rom dicht (westlich) neben Porta del Popolo. — Pan kommt auf Reliefs öfter zusammen mit Flussgöttern vor; vgl. A. MICHAELIS in Annali d. I. 1863 p. 304 ff. Er wurde zugleich mit Acheloos verehrt in einem Heiligthume bei Oropos (vgl. Paus. I, 34, 3) und zusammen mit Apollon und Nymphen in einer Grotte am Hymettos (Ael. var. hist. X, 21. Olympiodor vit. Plat. 10).

6. Viereckige etruskische Aschenkiste.

H. 0,24. B. 0,40. T. 0,13. — Alabaster. Das Relief der Vorders. ist durchgängig stark zerstört. — Abgebildet LASINIO tav. CXLIX (94).

Auf einen mit vier Pferden bespannten zweirädrigen Wagen (n. r.) steigt eine Figur zu dem schon auf dem Wagen stehenden Lenker hinauf. L. davon führt eine Frau ein Kind, welches in der R. einen unkenntlichen Gegenstand hält, an den Wagen heran. Hinter dem ersten Pferde ragt die Gestalt eines Mannes hervor. Sämmtliche Figuren sind mit Ober- und Untergewand bekleidet. — Auf dem Deckel der Urne eine ruhende weibliche Figur (n. l.), bekleidet mit einem Chiton und darüber einem Obergewande, das im Rücken empor und über den Kopf gezogen ist. In der L. hält sie ein Diptychon, in der R. eine Rolle.

Darstellungen wie die der Vorderseite der Urne kommen häufig auf etruskischen Aschenkisten vor. Am meisten entspricht dem Relief der »triumphus« bei GORI Mus. Etr. Vol. III, tav. XXVIII, 2. vergl. auch GORI Antiquae inscr. III, tav. XLI und tav. XXII, Mus. Etr. I, tav. CLXVIIII, 2 besprochen II p. 326) und tav. CLXXVIIII (besprochen II p. 370.)

7. Römischer Sarkophag mit Apollon und Athena.

H. 0,65. T. 0,66. B. 2,12. — Griech. Marmor. Im Ganzen gut erhalten. — Abgebrochen der Kopf des Greifen und zum Theil der Lorbeerbaum r. Das Relief der Nebenseiten ist flacher als das der Vorderseite, vgl. zu No. 12. Oben und unten der Rand (nicht höher als das Relief) erhalten. An der r. Schmalseite über dem Boden in der Mitte ein Loch jetzt mit Kalk ausgefüllt. Die Marmorplatte, welche als Deckel dient, besteht aus mehreren Stücken. — Der Sarkophag war zu Lasinio's Zeit noch nicht im Campo Santo.

In der Mitte der Vorderseite steht auf einem Consol das bekleidete Brustbild eines Römers, der in der L. eine Rolle hält. Dahinter ein Parapetasma, welches r. und l. von zwei symmetrisch schwebenden Eroten gehalten wird. Ihre flatternde Chlamys ist auf der einen Schulter mit Spange befestigt. Das lockige Haar ist vorn in einen Knoten aufgebunden. Sie wenden beide ihre Köpfe nach aussen. Unter dem Eroten l. ist der bärtige Okeanos (n. l.) gelagert. Seinen l. Arm stützt er auf eine liegende Urne, aus welcher Wasser fliesst. In der R. hält er einen Schilfzweig. Unter dem Eroten r. liegt Gaea n. r. mit dem Füllhorn. Durch ihr Haar, welches in zwei Locken herabfällt, geht ein Band. Bei ihr wie bei Okeanos ist nur der Unterkörper mit einem Gewande bedeckt, welches im Rücken emporgezogen ist. Auf der l. Ecke der Vorderseite steht Athena im langen dorischen Chiton mit gegürtetem Ueberschlag n. l., den Kopf n. r. wendend. Ein Obergewand ist um ihren Unterkörper geschlungen. Sie trägt einen Helm mit flatterndem Helmbusch. Ihr lockiges Haar ist, so weit es unter dem Helme hervorsieht, nach hinten zurückgestrichen. Den r. Fuss setzt sie auf einen zu einer Grotte ausgehöhlten Stein, worin eine Eule steht. Zwischen Athena und dem Eroten l. ein Lorbeerbaum. Auf der r. Ecke der Vorderseite Apollon. Die auf seiner l. Schulter mit Spange befestigte lange Chlamys lässt den Oberkörper unbedeckt, ist aber unterhalb der Hüfte nach vorn genommen und bedeckt den Unterkörper. In dem lockigen Haare, von welchem zwei lange Locken herniederhängen, trägt der Gott den Lorbeerkranz. Mit der R. greift er in die viersaitige Lyra (testudo). Sein l. Fuss ruht auf dem Greifen. Der l. Schenkel lehnt sich an einen runden Altar oder eine Säule (ἀγυιεὺς βωμός?), auf welcher ein Globus steht. Zwischen Apollon und dem Eroten r. ebenfalls ein Lorbeerbaum. Auf den beiden Schmalseiten des Sarkophages je ein nach der Vorderseite zu kauernder männlicher Greif mit Beutel auf der Brust.

Ueber die Bedeutung des Greifen auf Sarkophagen vgl. Bulletino d. I. 1851 p. 61 f. und besonders L. STEPHANI Compte-rendu 1864 p. 107. Das Relief der Vorderseite wiederholt sich, von einigen Zusätzen abgesehen, auf einem Sarkophag im Giardino della Pigna des Vatican: Unter den Eroten liegt je eine Fackel und unter dem Médaillon befindet sich an Stelle des Consols ein Todtenschiff. — Die Gegenüberstellung von Athena und Apollon allein ist nicht häufig (sehr problematisch die Athena, von Hermes geführt, neben dem leierspielenden Apollon, welche GERHARD auf einer Neapler Vase, abgebildet Arch. Zeit. 1845 Taf. XXIX, erkennen wollte), dagegen gewöhnlicher auf Musensarkophagen, z. B. dem im Hofe des Palazzo Mattei in Rom, (abgebildet VENUTI Monum. Math. III tav. XLIX); vgl. VISCONTI Pio-Clem. IV tav. XIV und den Marsyassarkophag bei CLARAC II pl. 123, 52.

8. Vorderseite einer etruskischen Aschenkiste.

H. 0,33. B. 0,41. T. 0,10. Abgebildet LASINIO R. tav. CXLIX, 103.

Auf einer Kline, die mit einem Teppich behängt ist, ruht Alkestis n. l., bekleidet mit dem gegürteten Chiton und einem Obergewande, welches im Rücken empor und schleierartig über den Kopf gezogen ist. Indem sie sich auf den l. Arm stützt, erhebt sie den r. wie im Gespräch mit dem v. l. herantretenden mit einem langen Gewande bekleideten Admetos n. r., welcher seinen l. Fuss auf die vor der Kline stehende lange Fussbank setzt und sich dazu mit der l. Hand das Gewand etwas in die Höhe nimmt. R. von der Kline steht eine mit Aermelchiton und Obergewand bekleidete Figur (e. f.), den Kopf nach l. wendend.

Aehnliche Darstellungen bei GORI Mus. Etr. I tav. CXXXIII und III tav. XIX. — Vgl. zu No. 91.

9. Römisches Flachrelief. Mithrasopfer.

H. 0,43. B. 0,55. — Ital. Marmor. Untere r. Ecke abgebrochen. Ueberall Spuren von Farbe. — Abgebildet LASINIO R. tav. XVI, 36: »ritrovato in Pisa) incassato in un muro«.

Mithras n. r. in eng anliegenden Hosen, kurzem, gegürtetem Aermelchiton, phrygischer Mütze auf dem lockigen Haare (Kopf n. l. gewandt) und einer flatternden Chlamys, die mit einer Spange über der r. Schulter geknüpft ist, setzt das l. Knie auf den Rücken eines n. r. springenden Stieres, während er mit der L. in dessen Rachen greift und mit der R. ihm das Messer in den Nacken stösst. Der von der Wunde nach unten gehende, perlenartig gebildete Streifen soll jedenfalls das herabrieselnde Blut andeuten, nach welchem ein v. r. emporspringender Hund leckt. Vgl. das in Form von stilisirten Blätterzweigen gebildete Blut auf dem Mithrasrelief bei CLARAC IV pl. 558). Unter dem Stier eine

Schlange und ein Skorpion, an den Hoden des Stieres saugend. L. von dem Stier, durch einen Felsen getrennt, auf welchem ein Rabe n. r. steht, ein wie Mithras gekleideter Knabe als Mithrasdiener mit erhobener Fackel und ebenso r. von Mithras das Fragment eines anderen Knaben mit gesenkter, brennender Fackel. Ein Theil seiner Füsse ist mit der Ecke des Reliefs abgebrochen. Ueber dem Knaben l. schwebt die Büste des bekleideten Sol (n. r.), mit einer dreispitzigen Strahlenkrone geschmückt. Ueber dem Knaben r. der verschleierte Kopf der Luna (n. l.) über der Mondsichel.

Aehnliche Darstellungen Mus. Veron. tab. IV, 1., C. L. Visconti in Annali d. I. 1864, tav. d'agg. N., Clarac II, 203 No. 726. — Ueber Mithrasdarstellungen vgl. C. L. Visconti a. a. O. p. 147 ff. und Stark: Zwei Mithraeen in der Begrüssungsschrift an die Heidelberger Philologenversammlung p. 11.

10. Viereckige etruskische Aschenkiste.

Die Seiten der auf Klotzfüssen ruhenden Aschenkiste sind glatt. Auf dem Deckel liegt eine Frau n. l., sich mit der l. Seite an zwei Kissen lehnend. Sie trägt einen Chiton und ein Obergewand, welches im Rücken emporgezogen ist. Auf dem Kopfe hat sie eine Stephane. In der L. hält sie eine Patera, in der R. einen Kranz.

11. Fragment eines Hochreliefs.

Marmor. — Das Relief ist auf allen vier Seiten abgebrochen. Es scheint zu einem Sarkophag gehört zu haben.

In der Mitte befindet sich der Torso einer auf das l. Knie gesunkenen Jungfrau im langen, dorischen Chiton mit gegürtetem Ueberschlag; das Obergewand flattert schleierartig über ihrem Kopfe. L. von ihr am Boden der Torso eines n. l. schwebenden geflügelten Eroten, r. von ihr der Torso eines stehenden geflügelten Eroten und r. von diesem das Torsofragment einer mit doppeltem Gewande bekleideten Figur. Vielleicht gehörte das Fragment zu einer Darstellung des Koraraubes.

12. Bakchischer Sarkophag.

H. 0,87. B. 2,33. T. 1,15. — Griech. Marmor. Sehr beschädigt. Abgebrochen r. Fuss und beide Arme des Dionysos, ausserdem ein Theil des Scepters der Ariadne. Oben und unten ist der vorspringende Rand (jedoch nicht höher als das Relief) erhalten. Auf der marmornen Deckplatte drei moderne Disticha als Grabinschrift aus dem Jahre 1785. — Abgebildet: LASINIO R. tav. IIC und IC. Besprochen MORRONA P. i. II p. 278 ff. — Der Text der Inschrift ganz ungenau bei MORRONA a. a. O. und GORI Inscriptiones antiquae II. 29,20; die ersten vier Zeilen bei ORELLI-HENZEN No. 3145: »reliqui versus desperatae lectionis sunt«. — In den Buchstaben Spuren von rother Farbe.

Vorderseite. In der Mitte halten zwei stehende geflügelte Victorien im langen Chiton mit gegürtetem Ueberschlag ein auf einem Palmenstamme ruhendes lorbeerbekränztes Médaillon mit folgender sehr unleserlichen Inschrift:

```
              D. M.
       P IVLIVS LARCIVS
      SABINVS.TRIB.PL.QVIVI
     XIT ANNIS XXVIIII DIB·VIII
5    IN HOP...B SVPERST PIEN....
     .........PA...CONS·FILIVS
        IVL·LVCANI PREP CVRAN
       ..............................
       ..............................
10     ..............................
```

Orelli a. a. O. bemerkt zu Z. 3: »Romae. In municipiis enim vix fuerunt tribuni plebis. Ceterum notandus tribunus pl. XXIV annos natus.« Es muss aber gelesen werden XXVIIII. Neben dem Stamme r. und l. die Fragmente von zwei sitzenden, trauernden Gestalten, welche mit Schuhen und einem doppelten Gewande bekleidet sind. Von der l. Ecke der Vorderseite fährt Dionysos, auf einem zweirädrigen Wagen stehend, heran. Der Gott trägt eine Nebris, in der L. hält er einen Kantharos. Von dem mit Weinlaub bekränzten Haare fallen zwei Locken auf die Brust herab. Den Wagen ziehen ein bärtiger Kentaur und sein Weibchen n. r. Das Haupt des Kentauren, welches mit einem Pinienkranze geschmückt ist, neigt sich leise. Ueber der l. Schulter hängt ein Thierfell mit einem Eberkopfe. In der R. hält der Kentaur das Fragment eines stabförmigen Gegenstandes. (Flöten?). Von einem Eroten, der auf seinem Rücken gestanden haben muss, ist, ausser der Fussspur, nur das Fragment eines beflügelten Oberkörpers erhalten. Das Kentaurenweibchen hält in der R. einen Zweig. Ihr gewelltes Haar, durch welches ein Band geht, ist zurückgestrichen und hinten in einen Knoten zusammengebunden. Sie ist bekleidet mit einer auf der Brust mit

I. Nordcorridor.

Spange befestigten Chlamys. Mit dem l. Arm greift sie über die l. Schulter des Kentauren hinüber. Unter dem Gespanne ruht ein Panther n. r. Dieser Gruppe entsprechend fährt von der r. Ecke der Vorderseite, auf einem zweirädrigen Wagen stehend, Ariadne heran im langen Chiton mit gegürtetem Ueberschlag und langen Aermeln. Ueber dem Gewande trägt sie eine Nebris mit einem Thierkopf, welche zugleich mit dem Chiton gegürtet ist. Ihr welliges, mit Weinlaub bekränztes Haar ist hinten in einen Knoten zusammengebunden. Der Rest des Stabes, den sie in der L. hält, gehört vielleicht einem Thyrsos an. Ihr Wagen wird von einem Kentauren und dessen Weibchen gezogen. Ersterer n. l. wendet den Oberkörper n. r. zurück und umfasst sein Weib mit der R. Beide sind mit einem über ihren Rücken gehenden Riemen an die Deichsel geschirrt. Der Kentaur hält in der L. einen Kantharos. Von dem Eroten, der auf seinem Rücken gestanden hat, sind die Spuren der Füsse sowie der geflügelte Oberkörper erhalten. Hinter diesen beiden Zügen der Vorderseite ist r. und l. eine Draperie aufgehängt.

R. Schmalseite. L. eine Halle angedeutet. R. davon tanzen zwei Mainaden um einen runden, bekränzten Altar mit Opferflamme. Die Mainade l. (n. r.) hält ihr frei in der Luft wehendes Gewand mit beiden Händen. Sie wendet den Kopf zurück und hält in der R. einen Kranz. Ihr gewelltes Haar, durch das ein Band geht, ist hinten in einen Knoten zusammengebunden. Die Mainade r. (n. l.) trägt ein Gewand, das jedoch ihren ganzen Rücken entblösst lässt. Sie wirft ihren Kopf mit dem aufgelösten Haar zurück. In der L. hält sie ein Tympanon, in der R. den Thyrsos. Beide Mainaden stehen auf den Fussspitzen.

L. Schmalseite. L. ein Palmbaum und r. davor ein jugendlicher n. r. ausschreitender Satyr. Er hält mit beiden Händen das eine Ende einer Löwenhaut, die er um seinen Rücken geworfen hat; die R. ist erhoben. Zu seinen Füssen ein Panther n. r. Dem Satyr entgegen tanzt eine Mainade n. l., bekleidet mit einem Gewande, das jedoch ihren Rücken entblösst lässt. Sie wirft in Ekstase den Kopf zurück und hält ein Tympanon in der L. R. eine Halle wie auf der r. Schmalseite. — Die Darstellung der Vorderseite ist Hochrelief, die der Schmalseiten Flachrelief.

Ueber die vortheilhafte Wirkung dieser berechneten Verschiedenheit, die sich fast durchgängig bei den Sarkophagreliefs findet, vgl. die Bemerkung von BENNDORF und SCHÖNE Later. Mus. p. 253: »die Aufstellung des Sarkophags in einem nicht stark erhellten Zimmer, bei welcher das Hauptlicht von oben auf die Vorderseite fällt, zeigt deutlich, wie geschickt die Arbeit der Reliefs, durch Unterarbeitung oder Lösung der Contoure, auf eine Wirkung in mässigem Lichte berechnet ist. Die Reliefs der Nebenseiten, obwohl vom Lichte blos gestreift, markiren sich in voller Deutlichkeit, weil sie flach gehalten sind, ähnlich wie die Schriftzüge eines Papierabklatsches, wenn seitliches Licht darauf fällt.« — Die Composition der Vorderseite wiederholt sich oft, vollständiger auf einem Sarkophag des Lateranensischen Museums, BENNDORF und SCHÖNE No. 373. — Ueber die Bakchischen Darstellungen auf Sarkophagen im Allgemeinen vgl. PETERSEN, Annali d. I. 1860 p. 375 ff.

13. Kopf des Ares.

H. 0,41. Gsl. 0,19. — Feinkörniger weisser Marmor. Ergänzt: Nase, Lippen, ein kleiner Theil des Gesichtes, sowie die crista und hintere Partie des Helmes. Die ganze Epidermis hat sehr gelitten. — Abgebildet LASINIO R. tav. CVII.

Der Kopf ist ein wenig n. l. geneigt. Der Mund leise geöffnet. Unter dem Helme kommt über den Schläfen wie am Nacken schlichtes, weiches Haar hervor, welches jedoch nur im flachsten Relief angedeutet ist, ebenso wie der schwach keimende Backenbart. Auf den Helmseiten je ein n. vorn springender Greif in flachem Relief; der Helmrand ist mit Arabesken geschmückt, zwischen denen gerade über der Stirn r. und l. je eine Pantherkatze zu erkennen ist. Der schöne Kopf ist eine Replik des unter dem Namen Ares Borghese (im Louvre) bekannten Typus und entspricht dem Kopf der Münchner Glyptothek No. 91.

Ueber die Unzulässigkeit der Benennung Achilleus vgl. FRIEDERICHS Bausteine No. 720 und H. BRUNN Beschreibung der Glyptothek p. 112 f. — Der Kopf stand früher im Dome von Pisa und soll der Ueberlieferung nach aus Genua von den Pisanern erbeutet sein.

14. Römischer Grabstein.

H. 0,57. B. 0,35. — Marmor. Abgebildet: LASINIO R. tav. CXLIX, 114: »iscrizione che appella ad una famiglia Pisana e probabilmente quando Pisa era colonia dei Romani; regalata dal Sgr. Chiellini di Livorno, ritrovata in una sua terra presso i Lupi, dove esisteva Turrita.« —

Die Vorderseite des Grabsteins bildet eine Tafel mit einem Rande ringsherum. Darüber ein Giebel mit zwei Palmettenakroterien an den Ecken. In der Mitte des Giebels eine Muschel und r. und l. davon je ein Delphin. Auf der Tafel die Inschrift:

I. Nordcorridor. 11

    D · M
  F A B · P R O C I
  A E · L · C
  P I S A N V S · C V M
5 F I L I S S V I S · C O N
  I V G I   B M
    P · S · F

15. Römischer Sarkophag mit Eros und Psyche.

H. 0,58. T. 0,56. B. 2,11. — Griech. Marmor. Als Deckel eine Schieferplatte. Das Relief der Vorderseite hat sehr gelitten. Von den Eroten ist meist je ein Bein abgebrochen. Auch sonst Beschädigungen. Erhalten ist oben und unten ein schmaler vorspringender Rand, nicht höher als das Relief. Auf den Schmalseiten hat man die Greifen, die hier ursprünglich gebildet waren, weggemeisselt und statt ihrer eine moderne Inschrift angebracht. — Abgebildet: LASINIO R. tav. CXXXIX. Besprochen: MORRONA P. i. II p. 282.

In der Mitte der Vorderseite halten zwei geflügelte Eroten in lockigem Haar, deren auf einer Schulter mit Spange befestigte Chlamys im Rücken herunterhängt, und vor deren Füssen Köcher und Bogen liegen, einen runden Schild, in welchem das bekleidete Brustbild (e. f.) einer Frau dargestellt ist. Haartracht wie die der Julia Maesa. R. und l. davon die bekannte Gruppe des Eros und der Psyche, sich umarmend. Eros trägt eine auf der Schulter befestigte und im Rücken herniederhängende Chlamys, Psyche, mit Schmetterlingsflügeln, einen langen, ärmellosen Chiton mit gegürtetem Ueberschlag. Sie legt einen Arm an den Leib des Eros. An beiden Ecken der Vorderseite je ein Erot, eine sehr zerstörte Guirlande haltend. Beide Eroten setzen einen Fuss auf einen zur Grotte ausgehöhlten Stein, in welcher ein Thier (Hase?) an einer Weintraube nagt. Zwischen der Gruppe von Eros und Psyche und den Eroten, welche das Médaillon halten, je ein Lorbeerbaum. Unter dem Médaillon zwei kleine, geflügelte Eroten, sich umfasst haltend (sehr unkenntlich).

Die auf Grabdenkmälern häufige Darstellung von Thieren wie Maus, Kaninchen, Hase, welche an Früchten nagen, hat man verschieden zu deuten versucht. Dass die aphrodisische Natur von Hase und Kaninchen zur Erklärung nicht ausreiche, gab auch WELCKER zu. (Nachtrag zur Aischyl. Tril. p. 237. Anm.) Am besten fasst man wol mit A. ROSSBACH (Römische Hochzeits- und Ehedenkmäler p. 88 Anm. 149) diese Thiere auf als »Bilder des Lebens in schüchterner Verborgenheit und Genügsamkeit.... Den erwähnten Thieren wird

A. Aeussere Wand.

von den Alten derselbe Charakter beigelegt . . . . . naturalis pavor et timor . . . . . das lichtscheue Wesen und das Leben unter der Erde, wodurch sie Symbole des unterweltlichen Lebens nach dem Tode werden.«

16. Weiblicher Idealkopf.

H. 0, 27. Gsl. 0,13. — Griech. Marmor. Ergänzt der grössere Theil der Nase; sonst gut erhalten. — Abgebildet: Lasinio R. tav. CXIX.

Erhalten ist ein Theil der Brust, auf der sich die Spuren des Gewandes zeigen. Das wellige, scharf gestrählte Haar quillt in reicher Fülle unter einem Bande hervor, welches um den Kopf geschlungen ist, und ist hinten in einen Knoten zusammengebunden. Der Kopf wendet sich ein wenig n. r. Der Mund geschlossen. Die Züge sind ernst, die Formen des Gesichtes schlank und jungfräulich und erinnern an den Victoriatypus.

17. Torso eines Jünglings.

H. 0,38. — Feinkörniger Marmor. Abgebildet: Lasinio R. tav. XCVI.

Die Statue, zu welcher der Torso gehörte, ruhte auf dem r. Bein. An dem r. Schenkel nimmt man den Ueberrest eines Gegenstandes wahr, an den sich die Figur vielleicht anlehnte. Jugendlich schöne Formen. Gute Arbeit.

18. Kopf des Serapis.

H. 0,31. — Ital. Marmor. — Ergänzt: Nase. Mehrfach beschädigt. — Abgebildet: Lasinio R. tav. CXIX.

Der Gott hat langes, gekräuseltes Haar, auch der Vollbart ist lockig. Die über die Stirn fallenden Locken sind tief unterarbeitet. Der Mund ist leise geöffnet. Auf dem Haupte haben sich die Spuren des Modius erhalten. Der Ausdruck des Gesichtes ist milde und ernst.

Ueber diesen Typus des Serapis vgl: Overbeck Kunstmythologie Bd. I p. 307.

19. Bakchischer Sarkophag.

H. 0,56. T. 0,58. B. 2,18. — Griech. Marmor. — Höhe des Deckels 0,20. — Ital. Marmor. — Mehrfach beschädigt. Vom Deckel ist ein Stück an der l. Seite abgebrochen. Das Relief des Deckelrandes sehr zerstört. — Abgebildet: Lasinio R. tav. LX. In dem

I. Nordcorridor.

Mittelbilde der Vorderseite erkennt er »Herakles in der Löwenhaut, als Symbol der alles überwindenden Zeit, worauf auch die Augurencista (!) mit Vögeln, also die Enthüllung der Zukunft hindeute, während in dem linken Eckfelde Omphale, das Bildniss des Herakles in der Hand haltend, dargestellt sei.«

Die Darstellung der Vorderseite vertheilt sich auf drei, sämmtlich von einander getrennte Relieffelder. In dem mittelsten wird durch zwei Pilaster, auf denen Masken liegen, und einen sie verbindenden Bogen eine Halle gebildet. In derselben steht Dionysos n. r., mit der Nebris bekleidet, die auf seiner r. Schulter befestigt ist. Er stützt sich mit der R. auf einen nackten Satyrknaben n. r. (Ampelos?). R. von ihm am Boden die cista mystica, deren Deckel von der herauskriechenden Schlange emporgehoben wird. Hinter dem Gotte her schreitet eine Bakchantin n. r. im dorischen Chiton, mit der L. ein Tympanon erhebend. Auf dem r. Eckfelde ein jugendlicher Satyr n. l., bekleidet mit einem Thierfelle, das über seine r. Schulter herabhängt, den Kopf n. r. wendend. Er trägt auf der Schulter einen gefüllten Schlauch. R. von ihm hat sich der Unterkörper eines n. r. schreitenden kleinen Knaben erhalten. Auf dem l. Eckfelde eine Bakchantin n. r. im ungegürteten dorischen Chiton mit Ueberschlag. Ein Obergewand, dessen Enden um ihre Arme geschlungen sind, weht im Bogen hinter ihrem Rücken. In der R. hält sie einen Gegenstand, der wahrscheinlich ein Pedum ist. Der zwischen den Relieffeldern der Vorderseite befindliche Raum ist mit Canneluren in Schlangenlinien ausgefüllt. — Auf den Schmalseiten je ein nach der Vorderseite zu kauernder Greif. Das Relief der Schmalseiten ist flacher als das der Vorderseite; vgl. zu No. 12.

Der Deckel bildet ein giebelförmiges Dach mit vorn aufrechtstehendem Rande, dessen sehr zerstörte Darstellung in Flachrelief durch die in der Mitte angebrachte Tafel mit moderner Inschrift (»Aldobrando del Bondo«) in zwei Theile zerfällt. L. liegt, den Rücken nach dem Beschauer wendend, eine Bakchantin, deren Unterkörper mit einem Gewande bedeckt ist. In der R. hält sie ein Tympanon. Ihr gegenüber ruht n. l. ein unbekleideter Mann (Satyr?), der mit der R. auf seinem r. Knie einen gefüllten Korb hält. R. von ihm ein Weinstock. Zwischen beiden Figuren steht eine Cista (oder Altar?), auf welcher eine grosse, bärtige Maske und ein Thyrsos mit Bändern (?) liegt. Dieselbe Darstellung wiederholt sich, so weit man aus dem zerstörten Relief ersehen kann, auch auf der Seite r. von der Inschrifttafel. An den zwei vorderen Ecken des Deckels befand sich je eine Maske, von welchen jedoch die l. nicht mehr vorhanden ist.

Ueber Bakchische Darstellungen auf Sarkophagen vgl. PETERSEN, Annali d. I. 1860 p. 375.

20. Römischer Grabstein.

H. 1,0. B. 0,41. — Ital. unreiner Marmor. — Durch den Stein geht von Z. 9 an ein Bruch nach r. oben. — Inschrift bei MURATORI Thes. p. CC, 7 »ex schedis Nicolai Pacediani«, der die Inschrift vielleicht noch besser erhalten vorfand. GORI Inscr. ant. III p. 175. MORRONA P. i. II p. 326.

Die Stele trägt einen Giebel, in dessen Mitte eine Rosette und l. und r. davon je ein Delphin dargestellt ist. Auf der Stele die sehr zerstörte Inschrift:

```
           V   F
       L·LOLLIVS·L·L
       LIB · COMMOD [us .        MURATORI.
        CIBI     ET
    5  R] ASINIO  [Chrysippo
       au] /GVST/ [ali
       O] C LVSENO [et Vi-
       b] \ VTIA [e Al-
       b] ⸺PNAE⸺ [ae P....
   10   e] BIAE [am.....
        i] N·AGI'//[P.....
       in]   F·    P
```

21. Kindersarkophag - Eroten.

H. 0,29. T. 0,41. B. 0,91. — Griech. Marmor. Das Relief der Vorderseite ist sehr zerstört. In der Vorderseite und beiden Schmalseiten Löcher. Als Deckel eine Schieferplatte. — Oben und unten ist ein schmaler Rand erhalten. — Abgebildet LASINIO R. tav. CXXXXI.

Auf der Vorderseite sind acht tanzende und spielende, geflügelte Eroten dargestellt, wegen grosser Zerstörung jedoch sehr unkenntlich. Der zweite Erot von links spielt die Lyra, der fünfte taumelt und wird vom vierten und sechsten unterstützt, der siebente bläst auf einer Syrinx, der achte schlägt Krotalen zusammen.

Ueber Erotendarstellungen auf Kindersarkophagen vgl. PETERSEN in Annali d. I. 1860 p. 404 ff. — Ueber den trunkenen taumelnden Eroten vgl. L. STEPHANI Ausruhender Herakles p. 100 ff.

22. Statuette einer Sphinx.

B. 0,42. T. 0,15. — Tuff. — Sehr zerstört. — Abgebildet: LASINIO R. tav. CVIII, 146.

Die Sphinx gehörte wahrscheinlich zu dem Deckel einer etruskischen Aschenkiste.

23. Vorderseite eines Bakchischen Sarkophags.

H. 0,56. B. 2,15. — Griech. Marmor. — Das Relief ist sehr beschädigt. Von sämmtlichen Figuren ist keine einzige ganz erhalten. Oben und unten ein vorstehender Rand (nicht höher als das Relief. Ueber den Fundort vgl. MORRONA P. i. II, p. 282: »sarcofago che noi circa all' anno 1790 nell' orto presso l'arsenale mediceo ritrovammo e che dovettero un giorno appartenere all' antico monastero di S. Vito — ma dirò che allora ad onta dell' erba ond' era occupato, giacendo sulla terra qual inutil sasso, non mi occultò un ottimo stile« etc. — Abgebildet: LASINIO R. tav. CXXVII.

Von l. fährt auf einem Wagen, an welchem ein Greif als Reliefschmuck angebracht ist, Dionysos e. f. daher. Das Gewand bedeckt ihn von den Schenkeln an abwärts, ein Ende desselben ist über den r. Arm geschlagen. Die erhobene R. scheint auf dem Haupte eines l. neben ihm stehenden Satyrs? zu ruhen, der ihn mit beiden Händen unterstützt, aber wegen starker Beschädigung nicht genau zu erkennen ist. Dem Gotte fallen zwei lange Locken auf die Brust herab. In der L. hielt er vermuthlich den Thyrsos. Neben ihm steht auf dem Wagen noch ein zweiter Begleiter, der ihn von der anderen Seite unterstützt. Um die Hüften desselben ist ein Gewand geschlungen. Den Wagen ziehen zwei bärtige Kentauren n. r., von denen der erste einen Pinienzweig über der Schulter, der zweite einen Kantharos auf dem Rücken trägt. Sie sind durch einen um ihren Leib gehenden Gurt an das Querholz der Deichsel geschirrt. Das vordere Ende der Deichsel scheint mit einem Thierkopfe verziert gewesen zu sein. Vor den Kentauren am Boden zwei Thiere n. r., von denen das linke ein Löwe, das rechte ein Panther ist. Ueber dem ersten Kentauren bemerkt man den Rest eines vermuthlich auf seinen Rücken stehenden Eroten mit flatternder Chlamys. Hinter dem Gespann die durch ihren Helm kenntliche Figur der

Virtus, die nicht häufig in dem Bakchischen Thiasos dargestellt ist (an ihrer Stelle erscheint dagegen öfter eine Victoria; vgl. PETERSEN in Annali d. I. 1863 p. 376 ff.). Eine Virtus auf dem Bakchischen Sarkophag bei CLARAC Mus. II, 144). Die Virtus n. r. ist bekleidet mit einem dorischen, gegürteten Chiton, der ein wenig von der r. Schulter herabgeglitten ist. Sie streckt die Arme aus nach den Schultern der Kentauren, offenbar um diese anzutreiben. Hinter den beschriebenen Figuren ist ein in zwei Bogen gerafftes Parapetasma aufgehängt. R. vor den Kentauren eine weibliche Figur (e. f.) im dorischen Chiton mit gegürtetem Ueberschlag, den Kopf n. l. zurückwendend, vermuthlich eine Bakchantin. R. von ihr ein Satyr (e. pr.) n. r. mit einem Schwänzchen; über seine l. Schulter ist eine Chlamys geworfen. Weiter r. eine Bakchantin n. r., schnell ausschreitend, im dorischen gegürteten Chiton mit Ueberschlag und schleierartig im Rücken wehenden Obergewande. Ihre L. scheint ein Tympanon zu halten. R. Arm abgebrochen. Neben ihr im Hintergrunde ein Lorbeerbaum. Dann n. r. ein springender, bocksfüssiger, bärtiger Pan mit Schwänzchen und vor seinen Füssen das Fragment einer cista mystica mit der Schlange. Beide Hände des Pan waren n. l. ausgestreckt. Hinter ihm die Spuren einer Person, von der man aber nur noch den Kopf erkennen kann. Sie hält eine Fackel ? in der Hand. Weiter n. r. ein Wagen »plostrum« (vgl. VISCONTI Pio-Clem. V p. 54: »plostellum à cause qui'l est plus bas que tout autre et auquel sont attelés deux petits ânes, que Caton de r. r. XI a par cette raison nommés plostrarii«, und BECKER-MARQUARDT Röm. Privatalterth. II p. 323 f.), auf dem sich fünf Personen befinden: Vorn zwei Frauen im dorischen gegürteten Chiton, sich gegenüber sitzend und eine grosse Silensmaske mit geöffnetem Munde und Augenlöchern zwischen sich haltend. Sie scheinen dieselbe mit ihrem Gewande schützen zu wollen. Die beiden Frauen wären nach VISCONTI Pio-Clem. V p. 55 Melpomene und Thalia: »Muses qui président aux théatres et qui montées sur ces mêmes charettes, dans le principe, déclamaient des vers«. — L. von ihnen steht auf dem Wagen ein Mann, der ein Thierfell um die Brust geschlungen hat. Seine L. hielt ein Pedum oder eine Sichel, während er mit der R. eine gefüllte Fruchtschwinge trägt. Neben ihm ein alter, bärtiger Mann n. r. in gebückter Stellung. Er ist in einen Mantel gehüllt, der von der r. Schulter herabgesunken ist. Hinter ihm wird der Oberkörper einer Figur sichtbar, von der es jedoch ungewiss ist, ob sie auch auf dem Wagen steht. Dagegen befindet sich noch auf demselben, dicht am

Wagenrande stehend, ein bärtiger Satyr (Pan?) mit Hörnern und
Schwänzchen. Ein Gewand bedeckt seine Schenkel. Den l.
Fuss erhebt er über den Wagenrand. Er hielt die Zügel der
beiden Esel (nicht Hirsche, wie Morrona a. a. O. meint), welche
den Wagen ziehen und mit einem Querstab an die Deichsel geschirrt sind, aber eben hinstürzen. Neben ihnen im Hintergrunde ein Mann n. l., der ein Gewand um seinen Unterkörper
geschlungen hat und auf seinem Rücken ein Böckchen(?) trägt.
R. von ihm ein anderer Mann in derselben Tracht, der mit der
L. den hinteren Esel beim Kopfe fasst, um ihn aufzurichten.

Eine ähnliche Darstellung bei VISCONTI Pio-Clem. V tav. VII. —
Ueber Bakchische Darstellungen auf Sarkophagen vgl. PETERSEN in
Annali d. I. 1860 p. 375 ff.

24. Römischer Sarkophag. Phaidra und Hippolytos.

H. 0,91. T. 1,03. B. 239. — Griech. Marmor. — Das Relief des
Sarkophages ist stark verwittert. Abgebrochen: l. Hand des Hippolytos l., r. Arm der Amme, r. Hand, l. Arm und l. Bein des Eros l.,
l. Arm des Eros r., Theil des Kopfes nebst r. Vorderfuss des ersten
Pferdes l., beide Unterarme des Jünglings, der das Pferd hält, Kopf
und beide Vorderfüsse des Hundes daneben, r. Unterarm und l. Bein
der Virtus, Arm und Unterschenkel des reitenden Hippolytos, r. Hand
des Landmannes, und sonst Kleinigkeiten. — Publizirt zum ersten
Male ganz ungenügend von Jos. MARTINI Theatrum Basilicae Pisanae
p. 17; dann besser bei GORI Inscriptiones antiquae tav. XLII, jedoch
mit falscher Deutung, und LASINIO R. tav. LXXIII. Besprochen:
MORRONA P. i. II p. 283, O. JAHN Archäolog. Beitr. p. 300 ff. und
H. HINCK in Annali d. I. 1867 p. 109 ff.

Der Sarkophag stand früher an der Aussenwand des Pisaner
Domes neben einer Seitenthür (vgl. GORI Inscr. ant. p. 135)
und diente dann im 12. Jahrhundert der Gräfin Beatrix, Mutter
der Gräfin Mathilde von Toscana, zum Sarge. Darauf bezieht
sich die Inschrift unter dem Sarkophage:

✝

Quamvis peccatrix, sum domna vocata Beatrix,
In tumulo missa jaceo quae comitissa.

A. D. M. LXXVI

Deckel modern. Das Relief der Schmalseiten ist viel flacher als
das der Vorderseite. Hierüber vgl. zu No. 12.

Die Darstellung der Vorderseite zerfällt in zwei Theile:
1) L. Der Antrag der Amme. Im Hintergrunde befindet sich l.
ein Tempelchen (der Venus?) mit Giebeldach, auf zwei korinthi-

schen Pilastern (?). Im Tympanon ein runder Gegenstand, vielleicht eine Muschel. Vor diesem Gebäude sitzt auf einem Thronos mit Armlehne und Fussschemel Phaidra n. r. Sie trägt den dorischen, gegürteten Chiton, der von der r. Schulter herabgesunken ist, und ein Obergewand, das schleierartig auf dem Kopfe aufliegt. Die Enden sind nach vorn genommen, wo sie von der L. über dem Schoosse zusammengehalten werden. An den Füssen trägt Phaidra Sandalen, auf dem Haar eine Stephane. Ihre R. ruht auf der Armlehne. Der r. Fuss ist vor dem Schemel auf die Erde gesetzt, das l. Bein, wie es scheint, untergeschlagen, ruht auf dem Schemel. Phaidra blickt n. r., wo vor ihr Hippolytos (e. f.) steht, etwas n. r. sich wendend, als ob er im Begriffe ist, fortzugehen. Auf seiner l. Schulter ruht die nach hinten herabhängende Chlamys, die, wie bei den Meleagerstatuen, vorn um den l. Arm geschlungen ist. Die R. hebt er empor, wie abwehrend. Dieser sprechende Gestus gilt der v. l. auf ihn zudringenden Amme, welche beide Arme nach ihm ausstreckt. Sie ist sehr mager, trägt ein Kopftuch, einen gegürteten dorischen Chiton, der von der r. Schulter herabgefallen ist, und ein Obergewand, das, auf der l. Schulter aufliegend, in der Gegend der Hüfte nach hinten genommen und über die l. Schulter wieder vorgeworfen ist. Zwischen ihr und Phaidra wird der Oberkörper einer Dienerin sichtbar, bekleidet mit einem dorischen Chiton. Ihr Haar ist von einem Bande zusammengehalten. Sie stützt ihr Haupt auf die L. und folgt gespannt dem zwischen Hippolytos und der Amme sich abwickelnden Vorgange. L. hinter Phaidra noch eine andere Dienerin, bekleidet mit einem langen Chiton und einem Obergewand, das sie mit der herabhängenden R. vorzieht. Auch sie blickt auf Hippolytos. Sie ist etwas kleiner als die übrigen Figuren gebildet, wahrscheinlich um die Säule des Tempels nicht zu verdecken. R. und l. vor Phaidra, sich an sie lehnend, stehen zwei nackte, geflügelte Eroten mit lockigem Haar, sehr verstümmelt. Vor dem Eroten l. scheinen Köcher und Bogen zu liegen. Der Erot l. (n. l.) hat das r. Bein über das l. übergeschlagen, den r. Ellenbogen zur Stütze seines Hauptes auf Phaidra's Schooss gesetzt und schaut zu dieser empor. Sein lockiges Haar ist vorn in einen Knoten gebunden. Der l. Arm hing am Körper hernieder. — Richtig bemerkt O. JAHN Archäolog. Beiträge p. 316, dass der Nachtheil, welcher für die Illusion daraus entsteht, dass die Amme in Gegenwart der Phaidra ihren Antrag vorbringt, durch den künstlerischen Vortheil wieder aufgewogen wird, dass nun die Vorstellung an Deutlichkeit und Energie gewinnt. — R. von Hippolytos kommt aus dem Hintergrunde ein Pferd n. r. hervor, welches von dem voranschreitenden Jünglinge, dessen Chlamys auf der r. Schulter befestigt ist, ursprünglich am Zügel geführt wurde. Dies lehrt die Vergleichung des Capuaner Sarkophages bei GERHARD Ant. Bildw. 26. Vgl. HINCK in Annali d. I. 1867 p. 117. Der Jüngling trägt Jagdstiefel. Den Kopf wendet er nach Hippolytos zurück. Vor dem Pferde kauert am Boden ein Jagdhund, der sich mit der r. Vorderpfote am Kopfe kratzte. Hinter den beschriebenen Figuren ist im Hintergrunde ein Parapetasma aufgehängt. In der Mitte der Vorderseite erhebt sich eine cannelirte, nach oben zu sich vom Hintergrunde loslösende Säule, die aber durch einen Bogen mit einem hinter ihr befindlichen cannelirten Pilaster verbunden ist. Auf dem Bogen selbst ist in ganz flachem Relief, eine n. r. eilende weibliche Figur im Chiton, wol Artemis, den Bogen spannend, dargestellt. Vielleicht befand sich die Göttin in dieser Stellung ursprünglich in dem Originale, das dem Pisaner Relief zu Grunde liegt, in der Jagdscene neben Hippolytos, wurde aber durch die an ihre Stelle tretende römische Virtus verdrängt und vom Künstler als Reliefschmuck auf die Bogenhalle gesetzt, welche dadurch zugleich deutlicher als Artemistempel bezeichnet wurde, den Hippolytos vor Beginn der Jagd betritt. Hippolytos vor einer Artemisstatue libirend befindet sich auf der l. Schmalseite eines Lateranensischen Sarkophags (BENNDORF und SCHÖNE No. 394 p. 271; abgebildet Monumenti d. I. VIII tav. XXXVIII, 2), dessen Vorderseite der Darstellung des Pisaner Sarkophags in der Hauptsache entspricht, sowie auf einem Sarkophage in den Uffizien, Galleria di Firenze Ser. IV, II, 91. An die Halle schliesst sich

2) Die Jagd. Der Halle zunächst Virtus n. r. im kurzen Chiton mit gegürtetem Ueberschlag. Die Chlamys weht im Bogen hinter ihrem Rücken. Unter dem mit crista und langem Helmbusch versehenen Helme quillt das Haar reich hervor. An den Füssen verbrämte Jagdstiefel. In der L. hält sie einen runden Schild. Der r. Arm war n. r. ausgestreckt. Diese Figur, die auf römischen Jagddarstellungen häufig vorkommt — auf den von O. JAHN a. a. O. p. 311 aufgezählten 8 Sarkophagen mit der Jagd des Hippolytos oder Meleagros 7 Mal, ein Mal auf dem Adonissarkophage in Annali d. I. 1864 tav. d'agg. — ist zuerst von GERHARD Prodromos p. 272 richtig als Virtus erkannt worden. R. von ihr sprengt auf einem Rosse n. r. Hippolytos einher. Die auf seiner r. Schulter befestigte Chlamys flattert hinter ihm im Bogen. Als Sattel dient ihm ein Thierfell. Wahrscheinlich schleuderte er mit der R. den Speer gegen den

Eber, welcher mit aufgerissenem Rachen v. r. aus einer Grotte
heranstürmt und mit den Vorderfüssen bereits einen Hund gepackt hat. Ihm entgegen springen ausserdem v. l. zwei andere
Hunde mit Halsbändern. R. von Hippolytos, mehr im Hintergrunde ein Reiter mit flatternder Chlamys n. r. Auch sein Sattel
ist ein Thierfell. Den Kopf wendet er n. l. zurück und streckt
die R. gegen Hippolytos aus. Ueber der Grotte des Ebers, und
durch Gebüsch von den Jägern getrennt, der Oberkörper eines
Landmannes (e. f.) in der gegürteten Exomis, den Petasos auf
dem Kopfe. Die auf seiner l. Schulter liegende Chlamys ist wie
bei den Meleagrosstatuen um seinen l. Arm geschlungen und
hängt auf die r. Schmalseite des Sarkophags hinüber. Mit der L.
stützt er sich auf einen Baumstamm. Der r. Arm ist erhoben.
Wahrscheinlich warf die (abgebrochene) Hand einen Stein gegen
den Eber.

Rechte Schmalseite. L. ein Jäger bekleidet mit dem
kurzen, gegürteten Chiton, einer auf der r. Schulter befestigten
Chlamys und Gamaschen. Auf dem Kopfe ein Petasos. Mit
der R. führt er einen Hund an der Leine, in der L. hält er einen
Jagdspeer. R. von ihm lehnt sich ein Jüngling n. l. an einen
Speer, den er mit der L. gefasst hält. Die R. hält er auf dem
Rücken. Auf der r. Schulter eine Chlamys befestigt.

Linke Schmalseite. L. ein glatter Pilaster mit Voluten.
R. daneben ein Mann in kurzem gegürtetem Aermelchiton und
Stiefeln. Ein dünner Kinn- und Schnurrbart, sowie das vorn
sich emporsträubende Haupthaar geben seinem Gesicht den Ausdruck eines Barbaren. Er trägt über der l. Schulter ein zusammengeschnürtes Jagdnetz, in der R. hält er einen Stock. R. von
ihm ein Jüngling (e. f.), den Kopf n. l. zurückwendend und mit
der L. ein Pferd am Zügel führend. Die Chlamys ist auf seiner
l. Schulter befestigt. In der R. hält er den Jagdspeer. Er
scheint im Gespräche mit dem Manne l., seinem Diener, und
stellt wol den Hippolytos vor der Jagd dar. Sein Pferd ist mit
einem Thierfell gesattelt. Das Relief der Vorderseite hat, abgesehen von der Schönheit der Zeichnung und der Ausführlichkeit
der Arbeit, doch etwas hartes und trockenes und macht den Ein-
druck einer Copistenarbeit, vielleicht aus dem 2. Jahrhundert.
Dagegen BURCKHARDT Cicerone 548: »spätrömisch«. Der Kopf
der Phaidra erinnert an die Maria auf einem der im Baptiste-
rium zu Pisa befindlichen Reliefs des Niccolò Pisano, der auch,
wie Vasari erzählt, von Pisaner Sarkophagreliefs begeistert
für die Sculptur des 13. Jahrhunderts eine neue Epoche her-
vorrief.

I. Nordcorridor.

25. Vorderseite eines römischen Sarkophags. Mars und Venus.
H. 0,57. B. 2,07. — Griech. Marmor. Mehrfach gebrochen. Abgebrochen: Vorderseite der Köpfe des Mars und der Venus, sowie deren r. Arm. Von dem Eroten sowie den Dioskuren nur der Torso erhalten. Auch sonst ist das Relief stark beschädigt. — Abgebildet: LASINIO R. tav. XCI.

Die spiralförmig cannelirte Vorderseite lässt in einem Mittel- und zwei Eckfeldern Raum für den bildlichen Schmuck. In der Mitte stehen zwischen zwei zu einer Halle verbundenen, spiralförmig cannelirten, korinthischen Säulen, über denen je ein Palmettenakroterion sich erhebt, auf einem Postamente r. Mars (e. f.) und l. neben ihm Venus (n. r.) mit dem Typus der melischen Statue. Ersterer trägt eine über seine l. Schulter geworfene Chlamys und auf dem Kopfe einen Helm mit crista und Helmbusch. In der L. hält er einen Schild, auf dessen Mitte das Gorgoneion dargestellt ist. R. neben ihm der Torso eines geflügelten Eroten. Venus trägt den dorischen, gegürteten Chiton und ein Obergewand, welches Brust und r. Arm frei lässt. Sie ruht auf dem r. Beine und neigt sich gegen Mars. Mit der L. umschlingt sie dessen Nacken, vielleicht war auch die R. nach Mars ausgestreckt. R. und l. in den Eckfeldern die Dioskuren als Todesgötter, ihr Pferd am Zügel haltend. Eine Chlamys ist auf ihrer Schulter befestigt. Auf dem Kopfe tragen sie den Pileus. Der Dioskur r. scheint einen Stab in der R. gehalten zu haben.

Ueber die Bedeutung der Gruppe des Mars und der Venus auf Sarkophagen, als eines idealen Symbols für den menschlichen Ehebund, vgl. A. ROSSBACH Römische Hochzeit- und Ehedenkmäler p. 172. — Ueber den Typus der melischen Aphrodite in der Gruppirung mit Mars vgl. BERNOULLI Aphrodite p. 162 ff.

26. Sarkophagfragment. Triumphzug des Dionysos.
H. 0,38. B. 0,99. — Ital. Marmor. — Von dem Relief ist der Rand nur oben erhalten; sonst auf drei Seiten abgebrochen, so dass von sämmtlichen Figuren nur die Oberkörper erhalten sind. Auch sonst Kleinigkeiten abgebrochen. — Abgebildet: LASINIO R. tav. CLIV, 130: »stava a S. Pietro in Grado«, eine Stunde westlich von Pisa gelegen.

L. ist zunächst erhalten der Torso eines bärtigen Kentauren, den Kopf n. l. wendend. In der L. hält er einen Ast. R. neben ihm ein anderer Kentaur mit spitzen Ohren, ein Instrument (Doppelflöte?) blasend, das er mit beiden Händen hielt. Vermuthlich zogen beide Kentauren den Wagen des Dionysos. Zwischen ihnen hat sich noch die Spur der Deichsel erhalten, deren vorderes Ende, wie es scheint, mit einem Widderkopfe verziert ist. R. davon eine Bakchantin n. r. im langen Chiton mit Ueberschlag, den Oberkörper zurückwendend. Ein Obergewand flattert hinter ihr im Bogen. Durch ihr Haar geht ein Band. In den Händen hält sie die Becken. R. vor ihr ein springender, bocksfüssiger Pan n. r. mit Bart und Hörnern, den Kopf zurückwendend. Die Chlamys, die im Bogen hinter ihm weht, ist mit beiden Enden unter seinen Achseln vorgezogen. R. von ihm das Fragment einer anderen Bakchantin n. r., wie die erste gekleidet. In ihrer L. bemerkt man das Fragment eines Stabes, wol des Thyrsos, nach einer am oberen Rande des Reliefs erhaltenen Spur zu urtheilen. Die Arbeit ist aus guter Zeit.

Ueber Bakchische Darstellungen auf Sarkophagen vgl. PETERSEN in Annali d. I. 1860 p. 375.

27. Römischer Sarkophag. Vorleser und Gattin.

H. 0,66. B. 2,5. T. 0,65. — Griech. Marmor. — Auf den Schmalseiten oben je zwei runde, jetzt mit Kalk verputzte Löcher, wahrscheinlich für die Klammern zur Befestigung des Deckels. — Abgebildet LASINIO R. tav. III. — Der steinerne Deckel mit moderner Inschrift wol nicht antik.

Der bildliche Schmuck der Vorderseite ist auf ein Mittel- und zwei Eckfelder vertheilt. Die Zwischenräume sind mit spiralförmigen Canneluren ausgefüllt. Oben und unten ein profilirter Rand. Im Mittelfelde sitzt vor einem Parapetasma auf einem Sessel mit hoher, geschwungener Lehne und sich kreuzenden, geschwungenen Füssen ein bärtiger Mann (Portrait) n. r. mit langem, zurückgestrichenem Haupthaar. Er trägt ein langes Untergewand, darüber die Toga, an den Füssen Sandalen (?) und liest in einem aufgerollten Volumen. R. von ihm eine Matrona (e. f.), n. l. blickend, im doppelten Gewande. Das obere liegt schleierartig auf dem Kopfe auf. Fussbekleidung nicht vorhanden. Im l. Eckfelde steht vor einem Parapetasma wiederum die Frau im gegürteten Aermelchiton mit darüber geworfener Chlamys, welche die l. Seite frei lässt. Ihr gewelltes Haar ist in der Mitte gescheitelt. An den Füssen trägt sie Schuhe. Ihr r. Arm ist erhoben. Am Boden l. neben ihr ein nicht ganz deutlicher runder Gegenstand, vielleicht ein Arbeitskörbchen. Im r. Eckfelde vor einem Parapetasma der bärtige Mann (e. f.). Das Gewand, welches von der l. Schulter den Rücken herabfällt, ist mit der r. Hand wieder vorgenommen.

R. neben ihm am Boden stehen mehrere zusammengebundene Rollen. In den Augen der Figuren sind die Pupillen angegeben. Auf beiden Schmalseiten je ein nach der Vorderseite zu kauernder Greif in flacherem Relief. Vgl. hierüber zu No. 12.

LASINIO bemerkt über das Mittelbild der Vorderseite: »credono alcuni che nelle due figure di mezzo sia espresso Minos in atto di leggere la sentenza all' anima di una defunta«. Gewiss richtiger aber denkt man an die Darstellung des Verstorbenen, der vor seiner Gattin ein literarisches Product recitirt, also eine Scene aus dem häuslichen Leben, welche der Künstler — und darauf würde auch der eventuelle Mangel der Fussbekleidung deuten — in's ideale Jenseits versetzt hat. Verwandte Darstellungen sind aufgeführt von BENNDORF und SCHÖNE Later. Mus. p. 11. Dem Pisaner Sarkophag entspricht besonders die im Hofe des Palazzo Rondinini in Rom rechter Hand eingemauerte Vorderseite eines Sarkophags.

28. Büste der Faustina Senior (?).

H. 0,80. Gsl. 0,17. — Marmor. — Ergänzt sind mit Gips die Augensterne, Nase, Partien des Gewandes und sonst Kleinigkeiten. — Abgebildet LASINIO R. tav. CVIII, 24.

Die Büste steht auf einem antiken, runden Fusse. Der Kopf ist n. l. gewendet. Die Büste ist mit Ober- und Untergewand bekleidet; der Mund geschlossen. Das leise gewellte Haar ist in der Mitte gescheitelt und am Hinterkopf in einen Zopf zusammengeflochten, der dann rund um den Kopf gelegt ist. Das volle Unterkinn deutet auf eine schon bejahrte Frau, ebenso die zwei tiefen Falten, welche von der Nase nach den Mundwinkeln zu gehen. Augenbrauen sind fast gar nicht bemerkbar, vielleicht waren sie ursprünglich vergoldet, wie auch das wenig ausgearbeitete Haupthaar.

Vergoldung des Haares sowie der Lippen und Augenbrauen setzt U. KÖHLER auch bei der Statue der Faustina Senior im Capitolinischen Museum voraus; abgebildet Monumenti d. I. VI, und VII, 83, vgl. Annali d. I. 1863 p. 150 f. Obgleich sich eine entfernte Aehnlichkeit des Kopfes mit den bekannten Typen der Faustina Senior nicht verkennen lässt, erscheint mir doch die angebliche Benennung zweifelhaft.

29. Männlicher Portraitkopf. Modern!

H. ungefähr 0,31. Gsl. 0,17. — Abgebrochen unterer Theil der Nase. Sonst vortrefflich erhalten. — Abgebildet: LASINIO R. tav. CVIII, 176: »testa supposta di un S. Pietro, molto animata, scolpita in certa pietra chiamata Palombina«.

Der nach oben gewendete Kopf hat eine scharf geschnittene

Adlernase, volles, kurzes, krauses Haar und ebenso Bart. Der Mund ist leise geöffnet. Das Gesicht hat bei weitem nicht den düsteren Ausdruck wie auf der Zeichnung bei LASINIO. Die Arbeit ist sehr naturalistisch. Augenlider, Augensterne und Pupillen sind scharf angegeben.

30. Römischer Sarkophag mit Ganymed und Eros und Psyche.

H. 0,57. B. 2,09. T. 0,54. — Ital. Marmor. Auf beiden Schmalseiten je 2 Löcher für eine Klammer zur Befestigung des Deckels. — Abgebildet: LASINIO R. tav. XXVIII. — Der glatte, steinerne Deckel mit mittelalterlicher Inschrift ist nicht zugehörig.

In der Mitte der Vorderseite ein runder Schild, der wol ursprünglich das Bildniss des Verstorbenen enthielt. Dieses ist dann später herausgemeisselt, um einem mittelalterlichen Wappen, von welchem noch Spuren vorhanden, Platz zu machen. Der Schild wird r. und l. von zwei symmetrisch schwebenden, geflügelten Eroten gehalten, den Kopf nach aussen wendend. Die auf einer Schulter befestigte Chlamys flattert hinter ihrem Rücken. Unter dem Schilde Ganymed n. r., auf das l. Knie gesunken, den Kopf n. l. wendend, wo der Adler mit ausgebreiteten Flügeln, gegen ihn gewendet, steht. In der L. hielt Ganymed einen Stab (oder Pedum). Die R. ist gegen den Adler ausgestreckt, wie um diesen abzuwehren. Unter dem Eroten l. liegt schräg eine umgekehrte Fackel und r. davon die bärtige Gestalt des Okeanos n. l., auf den l. Arm gestützt. Ein Gewand, das seine Beine bedeckt, ist im Rücken emporgezogen und mit dem einen Ende über die l. Schulter vorgeworfen. In der R. hält er ein Ruder (oder Schilfzweig). Unter dem Eroten r. ruht, dem Okeanos in Haltung und Gewandung correspondirend, Gaia mit dem Füllhorn. An den beiden Ecken der Vorderseite, durch einen Lorbeerbaum von den Eroten getrennt, die sich entsprechende Gruppe des Eros mit der Psyche. Eros, geflügelt, in reichen Locken, die Chlamys auf der einen Schulter befestigt, berührt mit seinen Händen die Wangen der Psyche, und will sie küssen. Psyche, mit Schmetterlingsflügeln, im ungegürteten, dorischen Chiton, der einen Arm und eine Schulter frei lässt, hat das eine Bein übergeschlagen und legt eine Hand an den Leib des Eros. Ihre Haare sind hinten in einen Knoten aufgebunden. Neben der Gruppe am Rande der Vorderseite je ein Korb mit Blumen. — Auf beiden Schmalseiten in flacherem Relief (vgl. zu No. 12) je ein nach der Vorderseite zu kauernder Greif.

31. Fragment eines Fusses.

Länge der Sohle 0,37. — Griech. Marmor. — Ergänzt: Zehen. — Abgebildet: LASINIO R. tav. XCVI, M.

Der Fuss ist mit einer Sandale bekleidet, deren Bänder über dem Spann um einen Pfeil gebunden sind. Daher LASINIO: »piede che appartenere doveva ad una statua colossale d'Apollo«.

32. Grabcippus.

H. 0,75. T. 0,33. B. 0,46. — Marmor. Mehrmals gebrochen. — Publicirt GORI Antiq. inscr. II p. 37, 36.

Die Rückseite des Cippus ist unbearbeitet. Oben und unten ein profilirter Rand. L. Seite: Urceus. R. Seite: Patera. Auf der Vorderseite in schönen, regelmässigen Zügen die Inschrift:

```
        D · M ·
      POMPEIAE
      PRIMITIVAE
      QVAE V · A · XXVIII
   5  M · IIII · D · X II ·
      T · POMPEIVS
      PRIMITIVOS
      PATER · ET
      Q · MAECIVS
  10  SEDATVS · CON
      IVGI · CARISSIMÆ
      ET · CASTAE · FECER ·
```

5. GORI M. III. — Eine Pompeia Primitiva und ihr Gatte erwähnt bei GRUTER p. CDLXXXII, 10.

33. Kindersarkophag. Eroten.

H. 0,31. B. 1,49. T. 0,45. — Ital. Marmor. — Die Oberfläche an manchen Stellen sehr abgegriffen. Als Deckel eine Schieferplatte. In den Schmalseiten mehrere Löcher. — Besprochen MORRONA P. i. II p. 297: »merita lode un piccolo sarcofago, che abbandonando il chiostro monacale di S. Matteo«. — Abgebildet LASINIO R. tav. L.

L. steht auf einer niedrigen, vierseitigen, bekränzten Ara ein Erot im kurzen Chiton. Er hebt denselben mit den Händen vorn auf. R. von der Ara ein Erot n. r., beide Hände wie erstaunt erhebend. Vor ihm r. beugt sich ein Erot zur Erde, die L. auf den Boden stützend. Auf seinen Rücken ist ein vierter Erot n. l. gestiegen, im Begriff aus einem r. vor ihm auf einer Erhöhung stehenden grossen Korbe Früchte (Granatäpfel?) zu nehmen. Hinter dem Korbe ein schräg n. l. liegender grosser Köcher, in welchem gefiederte Pfeile stecken. Von dem Köcher hängt ein geflochtenes Tragband hernieder. Auf den Früchten selbst kriecht ein fünfter Erot n. r. herum. Vor dem Korbe ist ein sechster Erot auf den Boden gefallen, vor Schreck darüber, dass ein anderer Erot n. l. den Deckel einer geflochtenen cista mystica emporgehoben hat und eine Schlange herauskriechen lässt, die ihn beissen will. Im Hintergrunde eine Ara und darauf ein flacher Korb mit Früchten. R. davon eine grosse, mit Wasser gefüllte Wanne mit Reliefschmuck auf der Vorderseite: Ein Erot, der mit beiden Händen von r. und l. zwei Greife bei den Schwänzen zusammenzuziehen sucht. (Eroten eine Pantherkatze quälend auf einer Aschenkiste des Lateranensischen Museum, BENNDORF und SCHÖNE 189.) Auf dem l. Rande der Wanne sitzt ein neunter Erot n. r., im Begriff, mit der einen Hand auf das Wasser zu schlagen und mit der anderen einen vor der Wanne hingefallenen zehnten Eroten mit Wasser zu bespritzen. Unter dem Rücken des Letzteren bemerkt man einen runden, undeutlichen Gegenstand. Ein elfter Erot wird von einem andern, hinter der Wanne stehenden Eroten gepackt, um mit dem Kopfe ins Wasser getaucht zu werden. R. von ihm sitzt auf der Erde der dreizehnte Erot n. l., sich mit der R. auf einen Kasten aufstützend. Er greift sich an den Kopf, als habe er sich an der Wanne gestossen. Hinter ihm eine bärtige, mit einem Gewande bekleidete Herme. R. davon sucht der vierzehnte Erot einen auf einen Altar geflogenen Schmetterling zu haschen und steigt dazu mit dem r. Fusse auf eine am Boden liegende Keule. Ein anderer Erot bringt von r. her ein Geräth wie einen viereckigen Kasten herbei. Im Hintergrunde wieder ein schräg n. r. liegender Köcher mit Pfeilen. Sämmtliche Eroten, mit Ausnahme des ersten und zehnten, sind geflügelt.

Ueber Erotendarstellungen auf Sarkophagen vgl. PETERSEN in Annali d. I. 1860 p. 104 ff. — Auf beiden Nebenseiten je ein nach der Vorderseite zu schreitender Greif, eine Klaue auf einen Widderkopf setzend.

I. Nordcorridor. 27

34. Fragment eines Fusses.

Länge der Sohle 0,31. — Marmor. — Abgebrochen: Zehen. — Abgebildet: LASINIO R. tav. XCVI, K.

Der Fuss ist mit einer Sandale bekleidet, welche mit Arabesken und Epheublättern verziert ist.

35. Vierseitige etruskische Aschenkiste.

H. 0,27. B. 0,63. T. 0,23. — Tuff.

Die Aschenkiste ruht auf vier Klotzfüssen. Ihre Seiten sind glatt. Auf dem Deckel eine weibliche sitzende Figur n. l., l. Arm und l. Seite gegen zwei Kissen lehnend. Ihr Unterkörper ist mit einem Gewande bedeckt. Auf dem Haupte eine Stephane, in der L. hält sie eine Patera.

36. Männlicher römischer Portraitkopf.

H. 0,30. — Ital. Marmor. — Der Marmor hat eine gelbbräunliche Färbung angenommen. — Abgebildet: LASINIO R. tav. CVII, 68.

Lockiges Haar, in welchem die Bohrlöcher stehen geblieben sind. An den Wangen leise angedeuteter Bart. Augensterne sind leicht angegeben, Pupillen und Augenwinkel scharf ausgedrückt. Der Mund ist fest geschlossen; der Blick ruhig und ernst. Der Kopf trägt den Namen des Germanicus, allein die Bemerkung LASINIO's: »rifatto nuovamente il volto« macht jede Benennung unsicher.

37. Fragment eines christlichen Reliefs. Jonas.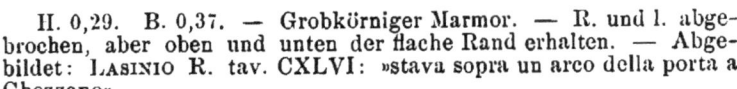

H. 0,29. B. 0,37. — Grobkörniger Marmor. — R. und l. abgebrochen, aber oben und unten der flache Rand erhalten. — Abgebildet: LASINIO R. tav. CXLVI: »stava sopra un arco della porta a Ghezzano«.

Ueber Wellen segelt ein Schiff. In dessen Mitte der Mastbaum mit Segeln und Tauen. R. von dem Maste sitzt ein nackter Mann n. l. Es scheint, dass er das Ende eines Taues seinem l. von ihm stehenden, ebenfalls nackten Gefährten reicht. Letzterer greift mit der R. an das Bugspriet. Ueberall sind die Bohrlöcher stehen geblieben. Rohe Arbeit aus später Zeit.

LASINIO a. a. O. hielt mit Unrecht die beiden Männer für »Putti«

und vermuthete, das Relief sei der vordere Theil einer Aschenkiste. Auf Aschenkisten kommen derartige Reliefdarstellungen nicht vor, wol aber auf Sarkophagen. O. JAHN scheint, wie aus seiner Bemerkung Arch. Zeit. 1861 p. 155 Anm.: »Schiffe sind auf Grabmälern nicht selten z. B. LASINIO Scult. d. campo santo 146 und CLARAC 192,352, nach heidnischer wie christlicher Vorstellung ein Symbol des Lebens, das dem Hafen der Ruhe zustrebt« hervorgeht, das Pisaner Relief symbolisch aufgefasst zu haben. Dasselbe erklärt sich jedoch erst völlig durch Vergleichung eines in Rom im Hofe des Palazzo Rondinini vorhandenen Reliefs mit gleicher Darstellung, auf welchem die Fortsetzung der r. Seite erhalten ist, nämlich Jonas unter dem Kürbis schlafend, während das Meerungeheuer aus der See auftaucht. Danach gehörte auch das Pisaner Fragment der auf christlichen Denkmälern nicht selten dargestellten Jonaslegende an. Vgl. die analogen Wandgemälde bei DE ROSSI Roma sotterranea II tav. XIV und XV, 1.

38. Flachrelief. Portrait eines Imperators.

H. 0,30. B. 0,21. — Ital. Marmor. — Vielfach gebrochen. An der r. Seite ein flacher Rand erhalten. — Abgebildet: LASINIO R. tav. CVII, 71.

Das Relief, welches sehr leicht und fein, wie eine Umrisszeichnung gearbeitet ist, zeigt das schöne Profil eines jugendlich männlichen Kopfes, der einen Lorbeerkranz im Haar und auf der Brust einen Harnisch trägt. Auf diesem befindet sich vorn am Halse ein geflügelter, jugendlich männlicher (?) Kopf, wol kein Medusenhaupt. Vgl. Nachtrag.

39. Fragment eines Flachreliefs.

H. 0,45. B. 0,44. — Griech. Marmor. — Oben ein Stück des Randes erhalten, sonst ist das Relief auf allen Seiten abgebrochen.

In der Mitte ein geflügelter Erot n. r., bekleidet mit Stiefeln, einer Exomis und flatternder Chlamys, den Kopf n. l. wendend. Er trägt über der Schulter mit der L. eine Stange, an der ein Körbchen hängt. In der R. hält er ein Gefäss oder eine Tasche. R. von ihm am Boden ein Thier (Panther?) n. r. L. von ihm ein, wie es scheint, aufs Knie gesunkener Knabe, der einen Stab in der L. hält, und über ihm der Rest eines grossen Flügels. Späte, schlechte Arbeit.

40. Männlicher Portraitkopf.

Gsl. 0,15. — Ital. Marmor. — Gut erhalten. — Abgebildet LASINIO R. tav. CVII, 105.

Kurzes, krauses Haar. Mund geschlossen. Augensterne und Pupillen nicht angegeben. Der Kopf wendet sich etwas nach oben. Lebendiger, energischer Ausdruck.

41. Römischer Hochzeitssarkophag.

H. 0,93. B. 2,14. T. 0,96. — Griech. Marmor. — Deckel fehlt. Abgebrochen: vom Hymenaeus der Unterkörper, r. Hand der Braut im zweiten Intercolumnium, l. Bein der Camilla nebst deren Geräth auf dem Haupte, und sonst Kleinigkeiten. An beiden Schmalseiten ist in je 2 Löchern noch ein Stück der abgebrochenen Metallklammern erhalten, welche zur Befestigung des Deckels dienten. — Abgebildet LASINIO R. tav. CI u. CII: »Urna di marmo, tolta dall' antica chiesa di S. Zenone«. Besprochen MORRONA P. i. II p. 298. A. ROSSBACH Römische Hochzeits- und Ehedenkmäler p. 167 ff. — Das Relief der Schmalseiten ist bedeutend flacher, als das der Vorderseite. Hierüber vgl. zu No. 12.

Vorderseite. Sechs durch gleich grosse Intercolumnien getrennte, spiralförmig cannelirte, korinthische Säulen tragen ein niedriges, gegliedertes Gebälkstück und darüber Archivolten, wodurch je zwei Säulen zu einer Halle verbunden werden. Zwischen den Bögen derselben befinden sich über der ersten und sechsten Säule Löwen, welche ein Thier (Esel?), dessen Körper aber erst auf der Schmalseite des Sarkophags sichtbar wird, erwürgen. Ueber der zweiten und fünften Säule je ein geflügeltes Medusenhaupt mit Schlangen in den Haaren und über der dritten und vierten Säule, mit einander correspondirend, je ein Triton, in ein Muschelhorn (?) blasend. Unter den runden Basen der sechs Säulen zieht sich parallel mit dem unteren Rande der Vorderseite eine Leiste hin. Zwischen ihr und dem unteren Rande unter jeder Säule eine eckige kürzere Basis, sowie in jedem der fünf Intercolumnien eine eben solche längere für die zwischen den Säulen stehenden Figuren. In der mittelsten Halle eine dexterarum junctio eines Römers und seiner Gattin. L. der bärtige Mann n. r., bekleidet mit Schuhen, Tunica und darüber Toga. Er reicht die R. der r. neben ihm stehenden Gattin, welche ein langes Unter- und Obergewand trägt. Letzteres ist schleierartig über den Kopf emporgezogen. Zwischen dem Ehepaar, das sich feierlich anblickt, Juno Pronuba, durch die Stephane kenntlich, das Ehepaar an Grösse überragend. Sie hat die Hände zum Zeichen der Vereinigung auf die Schultern Beider gelegt. Zwischen ihnen steht Hymenaeus, eine lodernde Hochzeitsfackel in der L. haltend. Mit dem Moment der dargestellten Handlung sollte eigentlich auch das sacrificium nuptiale zusammenhängen, das aber in der Weise der späteren römischen Sarkophage, bei denen ein Hauptgewicht auf die reiche, architektonische Ausschmückung fiel, in die verschiedenen Intercolumnien verlegt ist. So steht in der nächsten Halle r. nochmals der Bräutigam (e. f.), den Kopf n. r. wendend. Er ist bekleidet mit Schuhen, langer Tunica und Toga, von welcher das eine bezipfelte Ende über den l. Arm gelegt ist. R. und l. hinter ihm ragen die Gestalten zweier jüngerer, bekleideter Männer hervor. von welchen der l. mit der vorgestreckten r. Hand den Bräutigam leise zu berühren scheint. L. von demselben am Boden ein scrinium mit Rollen, das Attribut des homo litteratus. In der Halle l. von der Mitte die Braut (e. f.), mit einer leichten Wendung n. r., in gegürtetem Chiton und einem Obergewande, von welchem das eine bezipfelte Ende über den l. Arm gelegt ist. In der l. Hand hält sie ein rundes Büchschen mit Deckel, »acerra sacrifica«, wie Rossbach meint. R. hinter ihr bemerkt man eine jugendliche Mädchengestalt im Chiton. Ein Band geht durch ihr lockiges Haar. Mit der L. berührt sie die Frau. Es ist die stäte Begleiterin der Braut auf römischen Sarkophagen, welche »aus der Suada hervorgegangen ist« (Rossbach). L. von der Braut eine kleine Mädchenfigur im dorischen Chiton mit gegürtetem Ueberschlag, die über dem Haupte ein nicht mehr kenntliches Geräth trägt. Rossbach hält sie wol mit Recht für einen »portativen Altar in Form einer Karyatide, welche eine Platte mit Opfergaben oder loderndem Feuer trägt«; allein Feuer ist auf keinen Fall dargestellt. Einen ganz ähnlich gebildeten portativen Altar findet man auf dem Musesarkophag in der sala di Meleagro des Vatican. In den beiden äusseren Intercolumnien in symmetrischer Composition die Dioskuren mit dem Pileus und flatternder Chlamys, die auf der einen Schulter befestigt und um einen Arm geschlagen ist. Sie führen ein jeder an einer Hand das springende Ross am Zügel und halten in der anderen den Ueberrest eines Stabes. Zwischen den Füssen des Dioskuren r. Gaia n. l. mit dem Füllhorn in der L. Ihr Unterkörper ist mit einem Gewande bedeckt. Ihr entsprechend zwischen den Füssen des l. Dioskuren liegt der bärtige Okeanos n. r., dessen Unterkörper ebenfalls ein Gewand bedeckt. Neben ihm bemerkt man deutlich nicht einen Delphin oder ein Ruder, wie Rossbach meint, sondern ein um die Hand des Gottes sich emporwindendes Seeungeheuer mit aufgesperrtem Rachen. Thiere von derselben Gestalt kommen vor auf Darstellungen der Jonaslegende, vgl. zu No. 37, auch auf einem in der Gallerie des Capitolinischen Museums befindlichen Sarkophage (Koraraub).

I. Nordcorridor.

R. Schmalseite. Die drei Grazien, in steifer archaistischer Darstellung, an dem Hochzeitsopfer theilnehmend und sich gleichmässig nach der Vorderseite zu bewegend. Bekleidet sind sie mit einem kurzen gegürteten Aermelchiton, der über den Gürtel etwas vorgezogen ist, und Stiefelchen. Ihre Haare fallen in steifen Locken herab. Die Augensterne sind deutlich angegeben. Ueber die l. Schulter der Grazie r. hängt eine befranzte Opferbinde herab. Die mittelste Grazie hält eine Rolle, wahrscheinlich das carmen nuptiale, welches sich auch, nach ROSSBACH'S (a. a. O. p. 64 f.) wahrscheinlicher Vermuthung, in der Hand des auf dem Sarkophage in S. Lorenzo fuori le mura abgebildeten Jünglings findet. Die Grazie r. hält in der R. das praefericulum und in der L. ein Schöpfgefäss an einem Griff. Da nun aber die Grazien hier als camillae gekleidet erscheinen, darf man wol auch das Kästchen, welches die Grazie l. hält, als »cumerum« bezeichnen; (vgl. Varro de l. l. VII, 34: »dicitur in nuptiis camillus qui cumerum fert« und MARQUARDT Privatalt. I p. 49). Wie lange sich übrigens diese Darstellung der am Hochzeitsopfer theilnehmenden Grazien erhielt, beweist das Relief eines 1793 in Rom ausgegrabenen, jetzt in der Sammlung Blacas befindlichen Schmuckkästchens der Projecta und des Secundus, abgebildet bei VISCONTI Opere varie I tav. 17,4, das wol dem 4. Jahrhunderte angehört. Dasselbe stellt auf einem seiner Bildstreifen die Heimführung der von zwei kleineren Mädchen begleiteten Braut in das Haus des Bräutigams dar, während von r. her sich die drei Grazien nahen; die mittelste trägt eine viereckige cista, die l. ein praefericulum und Schöpfgefäss mit Griff, die r. ein nicht deutlich zu bestimmendes Geräth.

Linke Schmalseite: Von einem bekränzten, wie es scheint, mit langem limus bekleideten, bärtigen popa wird ein kräftiger Stier an einem Strick herbeigeführt, n. r. Hinter dem Opferthiere schreitet der mit dem langen limus angethane victimarius lorbeerbekränzt n. r., das Beil in der L. haltend.

Bei sämmtlichen Figuren sowol der Vorderseite wie beider Schmalseiten sind die Augensterne und Pupillen angegeben. Obwol schon der Verfallzeit angehörig, gilt doch von dem Sarkophage, was ROSSBACH a. a. O. p. 167 sagt: »er ist das reichhaltigste und werthvollste Exemplar dieses Typus . . . Die Gruppe (in der Mitte) ist in ihrem pyramidalen Aufbau vortrefflich abgewogen und von ernst feierlichem Leben durchathmet«.

42. Viereckige Aschenurne.

H. 0,60. B. 0,57. T. 0,34. — Marmor. — Deckel fehlt. In der Mitte der r. Schmalseite ein mit Kalk verputztes Loch. — Abgebildet: LASINIO R. tav. XX. Die Inschrift bei MORRONA P. i. II p. X und GORI Inscr. antiquae I, 103 mit der Bemerkung: »in hortis D. Ducis Salviati (Florentiae)«.

In der Mitte der Vorderseite eine Tafel mit profilirtem Rande, welche die Inschrift trägt:

```
          DIS  MANIBVS
      ST LACCIAE ELPIDIS
        A· ST LACCIVS
           EYTYCHVS
5        COLLIBEBTAE
         BENE MERITAE
           ET   SIBI
```

Mitten über der Tafel ein geflügeltes Medusenhaupt mit unter dem Kinne geknüpften Schlangen. R. und l. davon, sich correspondirend, zwei Widderköpfe (e. pr.), welche mit einer sie und das Medusenhaupt auf drei Seiten einrahmenden Perlenschnur geschmückt sind. Von den Widderköpfen hängt längs der Tafel eine Guirlande aus Lorbeerblättern hernieder. Unter der Tafel ein brennender Candelaberaufsatz und r. und l. neben ihm je ein Greif, den einen Vorderfuss auf den Candelaber setzend. L. STEPHANI (Compte-rendu 1864 p. 107) hielt ihn fälschlich für einen Kantharos und folgerte daraus die Bakchische Natur der Greifen. Der Candelaber ist von derselben Form wie der bei CLARAC Mus. pl. 225,55 abgebildete, neben welchem gleichfalls Greifen stehen. (Candelaber auf Grabdenkmälern setzte FRIEDERICHS Bausteine I No. 950 in Beziehung zu den um den Katafalk aufgestellten Fackeln.) Der Hinterkörper der Greifen läuft in ein Blattornament aus. An den Ecken der Vorderseite je eine spiralförmig cannelirte Säule mit Blättercapitälen, auf denen Delphine dargestellt sind. Auf beiden Schmalseiten je ein Lorbeerbaum und an den Ecken der Hinterseite je ein mit Lorbeerblättern ornamentirter Pilaster. Die Capitäle entsprechen denen der Säulen.

I. Nordcorridor.

43. Bärtiger Götterkopf (Maske).

H. 0,57. B. 0,45. — Ital. Marmor.

Auf dem Fragmente eines cannelirten Säulenschaftes (h. 0,07) ist das Fragment eines bärtigen Götterkopfes, vielleicht des Zeus, angebracht, dem das über der Stirn aufsteigende und an den Seiten in reichen Locken niederfallende Haar am meisten entsprechen dürfte. Das Gesicht selbst ist ganz abgearbeitet. Auf beiden Seiten des Kopfes Löcher.

44. Römischer Sarkophag mit Thanatos und Hypnos.

H. 0,56. B. 2,07. T. 0,56. — Griech. Marmor. — Als Deckel eine Schieferplatte. Das Relief der Vorderseite ist sehr zerstört. Abgebrochen: die r. untere Ecke der Vorderseite. — Besprochen: MORRONA P. i. II 348 u. 364. Abgebildet: LASINIO R. tav. CXXXVII.

In der Mitte der Vorderseite ein Médaillon mit dem bekleideten Brustbild eines Römers, welcher in der L. einen unkenntlichen Gegenstand, vielleicht ein Volumen, hält. Das Brustbild ist blos abbozzirt. Das Médaillon wird r. und l. von zwei symmetrisch schwebenden Victorien gehalten, deren Unterkörper mit einem Gewande bedeckt ist. Mit der einen Hand heben sie dasselbe hoch empor, während das entgegengesetzte Ende des Gewandes hinter dem Rücken vorgezogen und über den Arm gelegt ist. Sie entsprechen genau den Victorien auf einem Sarkophag bei CLARAC Mus. de sc. pl. 192. Unter der Victoria l. liegt Gaia n. l. Ihr Unterkörper ist mit einem Gewande bedeckt. Sie hält in der L., auf die sie sich zugleich stützt, das Füllhorn, in der R. vermuthlich Aehren. Sie schaut n. l., wo vor ihr ein Stier (?) auf der Erde liegt. Unter der Victoria r. liegt der bärtige Okeanos n. r. Ein Gewand bedeckt seine Beine. In der L. hält er ein Ruder. Er schaut n. r., wo vor ihm Wasser angedeutet ist, auf welchem ihm ein Delphin entgegenschwimmt. Unter dem Médaillon gleichfalls Wasser und darauf ein Kahn, der von einem nackten Schiffer (Charon) l. gerudert wird. R. von ihm sitzt ein anderer Mann, der ihm etwas zu geben scheint und r. von diesem ein Dritter (Hermes?), sehr unkenntlich, welcher die R. an die Schulter der mittelsten Person legt. Neben den Victorien nach aussen zu je ein Baum.

Ein Schiff mit zwei Personen ist in ähnlicher Umgebung dargestellt auf der Vorderseite eines Sarkophags im Vatican Giardino della Pigna). Ueber Schiffe auf Grabmälern vgl. zu No. 37, O. JAHN Arch. Zeit. 1861 p. 155 Anm.

An der l. Ecke der Vorderseite sitzt n. r. eine geflügelte Jünglingsgestalt auf einem zur Grotte ausgehöhlten Felsen, in welcher ein Thierchen an einer Weintraube (?) nagt. Der Jüngling trägt eine über der r. Schulter geknüpfte Chlamys und spielt die Lyra. Seine Flügel sind auf der l. Schmalseite des Sarkophags sichtbar. Ihm entsprechend sitzt an der r. Ecke ein anderer geflügelter Jüngling auf einem Felsen, dessen unterer Theil abgebrochen ist. Wahrscheinlich war er wie der Felsen l. zu einer Grotte ausgehöhlt, in welcher sich ein Thier befand. Der Jüngling trägt eine auf der r. Schulter geknüpfte Chlamys. Mit der R. greift er in die Zweige des zwischen ihm und der Victoria befindlichen Baumes. Seine Flügel auf der r. Schmalseite des Sarkophages sichtbar. Ueber die Bedeutung der auf Grabdenkmälern an Früchten nagenden Thiere vgl. ROSSBACH Römische Hochzeits- und Ehedenkmäler p. 88 Anm. 149 und zu No. 15. In dem geflügelten Jüngling mit der Lyra hat man wol Hypnos zu erkennen, der indessen in dieser Bildung auf Sarkophagreliefs nicht häufig nachzuweisen sein dürfte. Die Lyra deutet auf die einschläfernde, beruhigende Kraft des Gesanges hin, von der auch Pindar Pyth. I, 5 ff. spricht. Dem Hypnos entsprechend sitzt r. Thanatos. Die Schmalseiten des Sarkophages sind glatt.

Hypnos und Thanatos als geflügelte Jünglinge, einen Leichnam tragend, auf einem Vasenbilde, Monumenti dell' Ist. Vol. VI, tav. XXI. Vgl. auch die geflügelte Jünglingsfigur auf einer Säulentrommel von Ephesos, abgebildet Arch. Zeit. XXX, 1873. Taf. 65, welche MURRAY gegen CURTIUS (ebend. p. 74 und p. 105) wol mit Recht für Thanatos erklärt hat.

45. Sarkophag mit Meergottheiten.

H. 0,52. B. 2,01. T. 0,56. — Griech. Marmor. — Als Deckel eine Schieferplatte. Das Relief ist sehr verwittert. Abgebrochen Kleinigkeiten. — Besprochen: MORRONA P. i. II p. 252. Abgebildet: LASINIO R. tav. LXXII.

Ueber dem unteren Rande, der ganzen Vorderseite entlang, sind die Wellen des Meeres angedeutet. In der Mitte das bekleidete Brustbild (Portrait) eines bärtigen Römers mit kahler Stirn und an den Schläfen nach vorn gekämmten Haaren, in einer Muschel, deren Schloss nach unten zu gekehrt ist, und die r. und l. von zwei mit einander correspondirenden jugendlichen Seekentauren gehalten wird. Beide haben lange Locken, der r.

hat Hörner über der Stirn. Sie wenden den Kopf zurück, wo auf ihrem Rücken je eine Nereide in lockigem Haar sitzt, unbekleidet, bis auf einen Schleier, der hoch im Bogen über ihr flattert und ein Mal um den Arm geschlungen ist. Während sie einen Arm auf den Rücken der Seekentauren aufstemmen, legen sie den andern über die Schultern derselben. Zu ihnen fliegt von aussen je ein Erot heran, während zwei andere Eroten zwischen Muschel und Seekentauren auf letztere zuschweben, gleich als wollten sie die langen Locken derselben ordnen oder schmücken. An beiden Ecken der Vorderseite abermals je ein jugendlicher Seekentaur in reichem, lockigem Haar, nach den Ecken zu schwimmend und in dem Arm einen Stab haltend. (Der des r. ist abgebrochen.) Auf ihrem Rücken sitzt je eine, bis auf einen unter den Armen durchgezogenen, wehenden Schleier, unbekleidete Nereide, einen Arm auf den Rücken der Kentauren aufstemmend, mit dem andern nach jenen langend, wie um ihr Gesicht zu streicheln. Zwischen den Köpfen beider Paare schwebt je ein geflügelter Erot auf die Nereide zu. Unter der Muschel zwei gegen einander ins Wasser springende Delphine, und auf beiden Seiten die Köpfe je dreier aus den Wellen auftauchender Meerthiere.

Auf beiden Schmalseiten je ein auf Meereswellen nach der Vorderseite zu schwimmender Seegreif. Ueber die Umwandelung dieser See- aus den Landgreifen vgl. L. STEPHANI Compterendu 1864 p. 62 f.

Ueber Meergottheiten auf Sarkophagen, als eine Vereinigung von seligen Geschöpfen und ihre Analogie mit dem Bakchischen Thiasos vgl. PETERSEN Annali d. I. 1860 p. 396 ff.

46. Kopf des Herakles.

H. 0,40. B. 0,26. Breite des Mundes 0,075. — Griech. Marmor. — Stark verwittert. Abgebrochen: Nasenspitze. — Abgebildet: LASINIO R. tav. CXLVI.

Wie aus den an der r. Seite des Halses etwas vortretenden Muskeln hervorgeht, muss der Kopf, wie bei den Heraklesstatuen gewöhnlich, etwas n. l. geneigt gewesen sein. Der Mund ist leise geöffnet. Haar und Vollbart kräuseln sich zu kurzen Löckchen. Sehr gross sind die Ohrmuscheln. Die Höhlen für die Pupillen sind mit Blei ausgefüllt. Späte, unbedeutende Arbeit.

47. Heraklesköpfchen (!).

H. 0,18. B. 0,12. — Griech. Marmor. — Abgebrochen: Nasenrücken. Hinterkopf etwas abgearbeitet, sonst gut erhalten. — Abgebildet: LASINIO R. tav. CXIV.

Auf dem sanft gelockten Haupthaar ein Epheukranz, von dem, wie es scheint, hinten ein Band herunterhing. Krauser Vollbart. Der Gesichtsausdruck ist ruhig ernst. Der breite Nacken erinnert an den Typus des Herakles.

48. Viereckige Aschenurne.

H. 0,49. B. 0,42. T. 0,3 . — Ital. Marmor. — Die l. untere Ecke der Vorderseite abgeschlagen und dafür ein Blattornament aufgemeisselt. Ueber dem Dreifuss geht ein Loch in die Urne, worin sich noch der Ueberrest einer Bleiröhre erhalten hat. Zwei grössere Löcher auf der r. Nebenseite. Vielleicht diente die Urne als Brunnenkasten. Auch der Dreifuss ist weggemeisselt. — Abgebildet: LASINIO R. tav. XXXV.

An beiden Ecken der Vorderseite auf runden Basen je eine spiralförmig cannelirte Säule mit Blättercapitälen, über welchen Delphine um eine Muschel spielen. In der Mitte eine Tafel mit der mittelalterlichen Inschrift

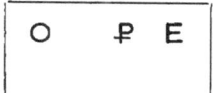

Ueber den oberen Ecken der Tafel der Oberkörper je eines geflügelten Eroten (e. pr.), welche durch eine an dem oberen Rande der Vorderseite zuerst entlang gehende dann r. und l. umbiegende Perlenschnur eingerahmt sind und mit beiden Händen eine Muschel (Schloss nach unten) halten, in welcher sich das bekleidete Brustbild einer Frau befindet. Sie trägt eine Tunica und ein Obergewand, welches über den Kopf gezogen ist. Da wo die Eroten durch die Perlenschnur begrenzt werden, zieht sich r. und l. neben der Inschrifttafel ein blattförmig ornamentirter Pilasterstreifen herab, in Löwenklauen endigend, welche auf einem Widderkopfe ruhen. Unter der Tafel die Reste eines Dreifusses, wol ursprünglich mit einem Kessel und r. und l. davon je ein nach aussen zu kauernder Greif, den Kopf zurückwendend, und einen Vorderfuss auf den Widderkopf setzend. — Die hinteren Ecken der beiden Nebenseiten werden durch eine

I. Nordcorridor.

aufrecht stehende, mit Blattwerk verzierte und in einen Löwenfuss endigende, brennende Fackel gebildet. In der Mitte der Nebenseiten je ein Lorbeerbaum mit Früchten und zu beiden Seiten von dem Stamme ein Hund, einen Hirsch verfolgend.

Eine ähnliche Urne abgebildet bei VENUTI Mon. Math. III tav. LXX, 2. — Ueber die Beziehung der Greifen zum Apollinischen Dreifuss vgl. L. STEPHANI Compte-rendu 1864 p. 92 ff.

49. Imperatorenkopf. Flachrelief.

H. 0,37. B. 0,27. Höhe des Kopfes 0,28. — Ital. Marmor. — Abgebildet: LASINIO R. CVI, 41.

Der Kopf zeigt das Profil (n. r.) eines schon alten, bartlosen Mannes (Portrait). Das über der Stirn etwas spärliche, gut gearbeitete Haar ist mit einem Lorbeerkranz geschmückt, dessen Schleifen im Nacken herunterhängen. Mund fest geschlossen. Im Gesicht Runzeln. Auf der Brust ist das Gewand angegeben. Die Züge entsprechen ungefähr dem Typus des Galba auf Münzen, z. B. COHEN Descr. I pl. XIII, 130.

50. Flachrelief. Opfernde Jungfrau.

H. 0,46. B. 0,25. — Pentel. (?) Marmor. — Abgebrochen: l. untere Ecke, sonst gut erhalten. — Abgebildet: LASINIO R. tav. LII.

Von r. tritt eine mit dem kurzen dorischen, gegürteten Chiton, der über den Achseln zugenestelt ist, bekleidete Jungfrau an einen l. stehenden vierseitigen, bekränzten Altar, auf welchem eine Flamme brennt, heran. Durch ihr Haar, das hinten in einen Knoten gebunden ist, geht ein Band. Sie ist im Begriff aus einer Kanne, die sie in der R. hält, in die Flamme zu libiren, während die L. das in schönen Falten geschwungene Gewand beim Saume zierlich in die Höhe nimmt. Gewandte leichte Arbeit.

Aehnliche Figuren finden sich oft auf den Reliefs von Candelaberbasen z. B. auf einer in Pompeji gefundenen, publicirt von L. STEPHANI Monumenti d. I. IV tav. XLII, die auch im Stil dem Pisaner Relief verwandt ist.

51. Rundes Relief. Portraitkopf eines Jünglings.

Durchmesser 0,27. — Griech. Marmor.

Das runde Flachrelief scheint dazu bestimmt gewesen zu sein, in die Mitte einer Sarkophagvorderseite eingelassen zu werden. Es stellt das mit Ober- und Untergewand bekleidete

Brustbild (e. f.) eines römischen Jünglings dar. Die Schultern sind etwas in die Höhe gezogen, das Gesicht länglich, die Ohren etwas abstehend.

52. Bakchischer Sarkophag.

Der Sarkophag: H. 0,69. B. 2,13. T. 0,90. Griech. Marmor. — Deckel: H. 0,31. B. 2,20. T. 0,83. — Ital. Marmor. — Hinten ist der Deckel abgebrochen, ragt aber r. und l. über den Sarkophag vor. Das Relief ist stark verwittert. Spuren von Tünche. — Abgebildet: LASINIO R. tav. CXVII, CXVIII und CXXII, das r. Bild des Deckels bei O. JAHN Pentheus und die Mainaden Taf. III, b. — Besprochen: ebenda und MORRONA P. i. II p. 300 f.

Vorderseite. In der Mitte Dionysos (e. f.). Das über seinem l. Arm mit dem einen Ende aufliegende Gewand bedeckt sein r. Bein, ist in der Gegend der Hüfte nach hinten genommen, im Rücken emporgezogen und fällt mit dem anderen Ende über die l. Schulter vor. Die Figur ruht auf dem r. Bein. Der r. Arm erhoben und über den Kopf gelegt. Das reiche Haar ist mit einem Bande und einem Kranze von Weinlaub(?) geschmückt, der jedoch nur noch zum Theil erhalten ist. Beide Unterarme abgebrochen. Zu den Füssen die cista mystica mit der Schlange. Ein jugendlich nackter Satyr mit Hörnern kommt v. r. an den Gott heran, wie um ihn zu unterstützen. Sein l. Bein, sowie die l. Hand abgebrochen. Hinter ihm steht ein älterer, mit Weinlaub bekränzter Satyr n. l., der in der R. einen Stab (Thyrsos?) hält. Ueber seiner l. Schulter liegt ein Gewand. R. von dem jungen Satyr springt ein gehörnter Panisk n. l. mit Schwänzchen und Bocksfüssen einher. R. Unterarm und unterer Theil des l. Beines abgebrochen. Seine Backen sind aufgeblasen. Vielleicht blies er die Doppelflöte. Um seine Brust ist ein Gewand oder Fell geknüpft, welches den l. Arm frei lässt. Zu seinen Füssen die Ueberreste (ohne Kopf) zweier hockender Kindergestalten, die mit einander zu scherzen scheinen. Der l. vielleicht ein Panisk. R. von ihnen schreitet n. l. ein Satyr mit langem Schwanze. L. Arm und l. Bein abgebrochen. In den Haaren Spuren eines Pinienkranzes. Ueber die r. Schulter ist ein Thierfell geworfen, an welchem man noch deutlich Kopf und Pfoten bemerkt. Auf der l. Schulter des Satyrs sitzt (sehr unkenntlich) ein kleines Kind, welches er mit der L. festhält. An der r. Ecke der Vorderseite eine Mainade (e. f.), den Kopf n. r. wendend. Sie trägt einen langen Chiton, der von der r. Schulter herabgeglitten ist, mit gegürtetem Ueberschlag. Der Chiton geht auf der l. Seite aus einander, lässt das l. Bein hervorsehen (zum

Theil abgebrochen). Im Haare trägt sie einen Kranz von Weinlaub. Der r. Arm ist über das Haupt erhoben. Mit den Fingern der r. Hand hält sie ein flatterndes Band, vielleicht des Kranzes. L. Arm abgebrochen. L. neben Dionysos steht n. r. eine andere Mainade, an Grösse dem r. von dem Gotte stehenden Satyr entsprechend. Vielleicht war auch sie beschäftigt, Bakchos von der l. Seite zu unterstützen. Sie trägt den langen gegürteten Chiton, der von der r. Schulter herabgesunken ist, und ein im Bogen hinter ihr flatterndes Obergewand, dessen Enden um ihre Arme geschlungen sind. Ihr Haupt ist mit einem Kranze von Weinlaub geschmückt. Vor ihr steht im kurzen, gegürteten Chiton mit Ueberschlag ein kleines Mädchen (sehr unkenntlich) n. l., welches wol ihren l. Arm zu dem l. von der Mainade stehenden ältlichen, bärtigen Satyr erhoben hatte. Dieser hat ein Fell um seine Schultern geworfen. Sein Haupt ist bekränzt. Er erhob beide Arme (r. Unterarm abgebrochen), vielleicht hielt er ein musikalisches Instrument (Krotalen?). Seine Füsse sind eng an einander gesetzt und geben der Gestalt jenen, den Satyrn eigenen, steifen, bocksartigen Charakter. R. von seinen Füssen bemerkt man den Ueberrest einer grossen, bärtigen Pansmaske. L. neben ihm steht in ähnlicher Position eine Mainade in gegürtetem langem Chiton mit Ueberschlag, der von der r. Schulter gesunken ist, und einem schleierartig hinter ihr wehenden Obergewande, dessen Enden um ihre Arme geschlungen sind. In den erhobenen Händen hält sie ein Tympanon. (R. Unterarm abgebrochen.) Ihr mit einem Kranze geschmücktes Haupt wendet sie n. l. zurück zu einem von der l. Ecke der Vorderseite in weiten Sprüngen herantanzenden jugendlichen, nackten Satyr n. l. mit einem Schwänzchen. Im Haar trägt er einen Pinienkranz. Seine Arme sind abgebrochen. Zwischen seinen Füssen der Rest eines mit dem Rücken nach aussen gekehrten Böckchens, mit welchem ein l. dahinter sitzender Panisk (ganz verstümmelt) zu spielen scheint. R. von dieser Gruppe am Boden der Rest eines Thieres, nur Pfote und Theil der Brust erhalten. Ganz an der l. Ecke der Vorderseite eine Pinie, von der aber nur ein Theil erhalten ist.

Linke Schmalseite. Neben einer an der l. Ecke befindlichen Pinie steht ein nackter mit einem Pinienzweige bekränzter Satyr n. r., den Kopf n. l. wendend. In der gesenkten R. hält er an einer Schleife ein Tympanon, in der n. r. ausgestreckten R. wahrscheinlich ein Pedum, auf der Zeichnung bei Lasinio nicht bemerkbar. R. von ihm eine lebhaft n. r. ausschreitende Bakchantin in langem gegürtetem Chiton mit Ueberschlag, der das r. Bein hervorsehen lässt, und einem in ihrem Rücken schleierartig wehenden Obergewande. Sie bläst die Doppelflöte. Im Haare trägt sie einen Kranz.

R. Schmalseite: Zwischen zwei Pinien liegt r. Ariadne n. l., sich auf den l. Arm stützend und die R. über das Haupt erhebend, wie in der Statue des Vaticau. Das r. Bein ist übergeschlagen. Ihr Gewand bedeckt nur den Unterkörper, ist aber im Rücken emporgezogen bis über den erhobenen r. Arm. Von l. naht sich ihr Bakchos, unbekleidet, einen Kranz im Haar. Die R. hängt herab, die ausgestreckte L. hält den Thyrsos, welcher wagerecht über der l. Schulter ruht. Eros n. r., der zwischen beiden schwebt und in der L. einen Kranz oder eine Tänie trägt, scheint den Gott herangeführt zu haben.

Dieselbe Darstellung findet sich parodirt durch Eroten vor bei BUONAROTTI Medaglioni 182, von O. JAHN Arch. Beiträge p. 195 zuerst richtig erklärt. Ueber ähnliche Darstellungen auf Sarkophagnebenseiten vgl. Arch. Zeit. 1871 p. 157.

Das Relief der Schmalseiten, welches bedeutend flacher ist, als das der Vorderseite, — hierüber vgl. zu No. 12 — ist mit grosser Nachlässigkeit gearbeitet. So wird z. B. der l. Arm des Satyrs ohne weiteres durch den wehenden Schleier der Bakchantin abgeschnitten.

Der Deckel ist ein giebelförmiges Dach mit vorn aufrecht stehendem Rande. In dessen Mitte eine Tafel, welche die bildliche Darstellung des Randes in zwei Theile trennt, mit der Inschrift:

```
T·CAMVREN
MYRoNIS
```

In den Buchstaben Spuren von rother Farbe. Die Inschrift ist publicirt bei GORI Inscr. ant. II p. 31, 25. Der Name der gens Camurena kommt auch sonst auf Inschriften vor, z. B. GRUTER Inscr. 308,3 und ORELLI-HENZEN 6000 und 87. — Die vorderen Ecken des Giebeldaches tragen je eine weibliche Maske mit geschlossenem Munde und langem Haar. Augensterne eingegraben.

1) R. von der Tafel liegt ein unbekleideter Jüngling (Pentheus) am Boden. Er ist umgeben von Mainaden, welche ihn zu zerreissen suchen. Sie sind bekleidet mit dem langen gegürteten

Chiton mit Ueberschlag und einem schleierartig hinter ihrem Rücken wehenden Obergewande. Während die eine ihren Fuss auf die l. Schulter des Pentheus gesetzt hat und an seinem l. Arme reisst, zerrt eine andere an seinem r. Beine, ihren Fuss dabei auf sein l. Bein setzend. Zwischen beiden stürmt eine dritte Mainade heran und holt mit einer Keule aus, um nach Pentheus zu schlagen. Eine vierte eilt von der r. Ecke herbei. Ihre Arme sind abgebrochen.

Dieselben Motive kehren fast regelmässig auf Pentheusdarstellungen wieder, z. B. auch auf dem Sarkophagfragment im Hofe des Palazzo Giustiniani in Rom, so dass die Annahme, es liegt diesen Darstellungen ein berühmtes Original zu Grunde, sehr wahrscheinlich ist. In der Composition entspricht dem Pisaner Relief genau das in den »Marmora Taurinensia« I tav. XI publicirte, nur dass hier die Figuren enger zusammengedrängt sind. Dass nicht an den Tod des Orpheus zu denken sei, hat O. JAHN nachgewiesen (Pentheus und die Mainaden p. 19 f.). Man vgl. auch das bei WIESELER D. a. K. II, 37, 437 abgebildete, dem Pisaner analoge Sarkophagrelief, auf welchem MICHAELIS bulletino d. I. 1858 p. 171) in der Mainade, die mit beiden Händen am l. Arme des Pentheus zerrt, Agaue, in der, welche am r. Beine reisst, Ino erkennen will nach Euripides Bakch. 1125—29 :

»λαβοῦσα δ' ὠλέναις ἀριστερὰν χέρα
πλευραῖσιν ἀντιβᾶσα τοῦ δυςδαίμονος
ἀπεσπάραξεν ὤμων,
Ἰνὼ δὲ τἀπὶ θάτερ' ἐξειργάζετο
ῥηγνοῦσα σάρκας.«

2) L. von der Tafel liegt l. gegen einen Felsen gelehnt eine Frau n. l. im gegürteten Chiton, der von der l. Schulter gesunken ist. Mit der L. fasst sie den Zipfel eines Obergewandes auf, das jedoch sonst nicht weiter sichtbar ist. Auf ihrem l. Arme hält sie ein kleines nacktes Kind, welches an ihrer Brust zu trinken scheint. Ich vermuthe, dass hier die Ernährung des jungen Dionysos unter den Nymphen dargestellt ist. R. über der Frau sitzt auf felsiger Erhöhung eine Frau (Hamadryade) n. r., sich mit der R. auf den Felsen stützend. Mit der L. hält sie schräg über ihrem Schoosse eine zweihenklige Vase, aus welcher eine Flüssigkeit herabströmt. Man kann dabei an das von Diodor 3,66 erzählte Wunder denken, welches sich bei der Geburt des Gottes auf Teos ereignete: καὶ Τήιοι μὲν τεκμήριον φέρουσι τῆς παρ' αὐτοῖς γενέσεως τοῦ θεοῦ τὸ μέχρι τοῦ νῦν τεταγμένοις χρόνοις ἐν τῇ πόλει πηγὴν αὐτομάτως ἐκ τῆς γῆς οἴνου ῥεῖν εὐωδίᾳ διαφέροντος. Die Nymphe trägt einen gegürteten langen Chiton, der ihre r. Brust entblösst lässt, und scheint auf ihrem Ober-

gewande zu sitzen, von welchem ein bezipfeltes Ende unter ihr sichtbar wird. Ihr Kopf ist abgebrochen. L. hinter der Amme des Dionysos steht ein bärtiger Mann (e. f.) im langen, gegürteten Chiton, in der R. einen Zweig (Weinstock?) haltend, die L. auf die Schulter der Nymphe legend. R. von dieser Gruppe halten zwei von r. und l. eilig heranschreitende Männer mit flatternder Chlamys zwischen sich ein auf den Hinterfüssen stehendes Thier (Böckchen?), dessen Kopf abgebrochen ist.

Die Nebenseiten des Deckels enthalten in dem Tympanon in der Mitte je einen nach der Vorderseite zu gekehrten Widderkopf und r. und l. von demselben einen Panther, die Vordertatzen an den Widderkopf setzend. Das Relief des Deckelrandes ist, obwol sehr zerstört, voller Leben, und schöne Motive zeigen sich in den Bewegungen der Figuren.

Die Zusammenstellung der verschiedenen Bakchischen Scenen auf dem Pisaner Sarkophage, nämlich 1) Thiasos des Gottes, 2) Tanz der Mainaden, 3) Dionysos naht sich der Ariadne, 4) Seine Geburt, 5) Pentheus' Tod — stimmt genau überein mit der Composition der Gemälde, welche nach Longos (Past. IV, 3 p. 109) einen Dionysostempel schmückten, nur dass hier noch ausserdem die Verwandlung der Tyrrhener und des Dionysos Sieg über die Inder dargestellt war. Vgl. hierüber O. JAHN a. a. O. p. 7. — Ueber Bakchische Darstellungen auf Sarkophagen vgl. PETERSEN in Annali d. I. 1860 p. 375 ff.

53. Viereckige etruskische Aschenkiste.

H. 0,39. B. 0,47. T. 0,22. — Alabaster. Abgebrochen: obere l. Ecke der Vorderseite und ein Stück von der r. Seite. Die Deckelfigur ist aus Thon. — Abgebildet: LASINIO R. tav. XLVIII.

Am oberen Rande zieht sich der Vorderseite entlang ein dreigliedriger Architravstreifen. In der Mitte der Vorderseite ein rundes Puteal mit verticalen Canneluren, aus welchem der Oberkörper eines Ungeheuers, das Aehnlichkeit mit einem Nilpferde hat (LASINIO: »Panther«), zähnefletschend n. l. emportaucht. Zunächst dem Puteal sitzt eine Amazone im kurzen Chiton, der von der l. Schulter herabgeglitten ist, erschrocken auf den Boden gesunken. Unter ihrem r. Arm der runde Schild. Auf dem Kopfe trägt sie einen Helm mit langem Haarschweif. Die flatternde Chlamys ist um ihren r. Arm geschlungen. Hinter ihr eilt eine ebenso gekleidete Amazone n. l., den Kopf zurückwendend, davon; in der R. hält sie den Schild, in der L. das Schwert. Ganz zu äusserst l. ist noch der Rest einer Figur in kurzem Chiton und hohen Stiefeln (oder Hosen) erhalten. Sie hielt einen Schild und ist im Begriff, über einige Felsblöcke fortzusteigen.

R. von dem Puteal ist ein Arm bemerkbar, welcher ein Schwert hält. Er muss einer Figur angehören, deren Unterkörper in der Erde verborgen, oder welche hingestürzt war. Die Schmalseiten der Aschenkiste sind glatt. Auf dem Deckel eine eng in ihren Mantel gewickelte Figur, deren Kopf auf einem Kissen ruht.

Der Gegenstand, der auf etruskischen Aschenkisten öfter dargestellt wurde, ist noch nicht völlig erklärt. Die verschiedenen mythologischen Erklärungen (das Ungeheuer Volta, Proteus, Lykaon, Euthymos etc.) findet man zusammengestellt von UHDEN Schriften der Berl. Akademie 1828 p. 238 ff. und CONNESTABILE Dei monumenti di Perugia IV p. 116 ff. Nach der Bemerkung UHDEN's a. a. O., der auch BRUNN Bulletino dell' Inst. 1859 p. 183 ff. und CONNESTABILE a. a. O. beizupflichten scheinen, wäre in diesen Darstellungen aber gar kein mythologischer Vorgang zu suchen, sondern nur die symbolische Darstellung eines »verderblichen Uebels«, etwa einer Seuche.

54. Viereckige etruskische Aschenkiste. Tod des Priamos.

H. 0,37. B. 0,63. T. 0,27. — Alabaster. — Abgebrochen: Kopf der 1. Erinnys und Waffe des Priamos. Abgebildet: LASINIO R. tav. IV. — Auf der Chlamys des Priamos, dem Schwertbande des Neoptolemos und dem Gewande der einen Erinnys Spuren von rother Farbe.

Vorderseite. Ein bärtiger alter Mann (Priamos), bekleidet mit Stiefeln, kurzem Chiton, Helm, Panzer und einer Chlamys, welche auf der r. Schulter mit Spange befestigt ist, hat sich v. l. an einen viereckigen Altar geflüchtet und auf diesen sein l. Knie gesetzt. Ein von l. herandringender Jüngling (Neoptolemos), hat ihn mit der L. beim Schopfe gepackt, während er in der R. das kurze Schwert gegen ihn zückt. Er trägt Stiefeln und eine auf der Brust zusammengeknüpfte Chlamys. Durch sein lockiges Haar geht ein Band. Priamos hält in den Händen ein Geräth, das, nach dem erhaltenen Ansatz am oberen Ende zu urtheilen, wol ein Beil vorstellen soll. Seine hilflose Geberde zeigt jedoch, dass er nicht ernstlich an Widerstand denkt, sondern die Waffe nur aus Verzweiflung ergriffen hat.

Aehnliche Züge finden sich öfter bei Darstellungen der Iliupersis; vgl. die Frau mit der Mörserkeule bei HEIDEMANN Iliupersis Taf. I. Die Ara, auf die sich der Alte geflüchtet hat, kann nach der Ueberlieferung als der Altar des Zeus Herkeios bezeichnet werden. Die Handlung selbst wird passend durch die Verse Virgil's Aen. II, 550 illustrirt:

»hoc dicens altaria ad ipsa trementem
traxit et in multo lapsantem sanguine nato
inplicuitque comae laevam, dextraque coruscam
extulit ac lateri capulo tenus abdidit ensem.« —

Wie nicht selten auf etruskischen Aschenkisten wird auch hier die

Darstellung r. und l. durch je eine Erinnys abgeschlossen. Die Erinnys r. trägt einen gegürteten Chiton mit Ueberschlag und eine Chlamys. In ihren Haaren Flügel und Schlangen. In der R. hält sie eine brennende Fackel. Die Erinnys l. von Neoptolemos ist geflügelt. Bekleidet ist sie mit einem gegürteten Chiton, einer Chlamys und Stiefeln. In der R. hält sie ein Schwert.

Die Aschenkiste wird von LASINIO als »urneola rappresentante le furie d'Oreste« bezeichnet. Allein aus der Anwesenheit der Erinnyen lässt sich noch nicht auf die Ermordung des Aigisthos schliessen, für welche Darstellung auch sonst jedes Kriterium fehlt. Aigisthos wird auf Aschenkisten stets neben Klytaimnestra ermordet. Vgl. FR. SCHLIE Die Darstellungen des Troischen Sagenkreises p. 159—173.

Auf dem Deckel eine ruhende, weibliche Figur, sich auf den Arm stützend, n. l., in langem gegürtetem Chiton und einem Obergewande, welches ihren Unterkörper bedeckt, im Rücken emporgezogen ist und schleierartig auf dem Kopfe aufliegt. Der Hals ist mit einer Kette geschmückt.

55. Meleagrossarkophag.

H. 0,84. B. 2,10. T. 0,92. — Griech. Marmor. — Deckel fehlt. Auf dem Relief Spuren von Tünche, auch sonst viele Beschädigungen. Aus dem Boden ist ein grosses Stück herausgebrochen, sowie auch aus der Rückseite. An der r. Schmalseite zwei mit Kalk verputzte Löcher. — Abgebildet: LASINIO R. tav. CIX, doch ungenau. Besprochen: MORRONA P. i. II p. 303. O. JAHN in Bulletino d. I. 1846 p. 131. In der Aufzählung der Meleagrossarkophage von HELBIG in Annali d. I. 1863 p. 81 unter *T* aufgeführt, ebenso von MATZ in Annali d. I. 1869 p. 77.

Ueber den Deckel des Sarkophags berichtet MORRONA a. a. O.: »attesta il Martini che quando quest' arca fu coll' altre allo scoperto nel chiostro eravi il coperchio in cui vedeasi intagliato di bassorilievo un Dottore (!) sedente in cattedra, circondato da suoi scolari, lavori de' bassi tempi. Non avrebbe il Fabbrucci posta in dubbia la fede del Martini, se rifletteva, che nel rimovere replicatamente certi cassoni, trasportandoli da un luogo all' altro, si spezzano, si cambiano e si tolgono i coperchi.« Obgleich Letzteres zugegeben werden kann, wird es dennoch rathsam sein, die Angaben jenes Joseph Martini mit Vorsicht zu benutzen, da derselbe höchst unzuverlässig war und bei seinen Publikationen (z. B. »thesaurus basilicae Pisanae«) die dargestellten Figuren ganz willkürlich unter die verschiedenen Monumente zu vertheilen und zu verändern pflegte, wie GORI Inscr. ant. III p. 137 bezeugt.

Vorderseite. R. bricht über niedriges Gebüsch (zwei Schilfpflanzen) der Eber n. l. mit geöffnetem Rachen hervor. Zwischen seinen Tatzen (abgebrochen) ein Hund. Vor ihm sitzt ein verwundeter Mann (Arme und Kopf abgebrochen), bekleidet mit Jagdstiefeln und einer auf der l. Schulter mit Spange befestigten Chlamys. O. JAHN a. a. O. hält ihn für einen Sklaven. Dem Eber entgegen stürmt, von einem Jagdhund n. r. (Vorderbeine abgebrochen) begleitet, mit eingelegter Lanze Meleagros. Von der Lanze sind nur noch Spuren an seinem Körper erhalten, sowie die Spitze am Rüssel des Ebers. Meleagros (Arme abgebrochen) trägt eine über der r. Schulter mit Spange befestigte Chlamys. Durch das kurze lockige Haar geht ein Band. R. von Meleagros, aber mehr im Hintergrunde eilt von einer Anhöhe herab Atalante n. r. ebenfalls gegen den Eber. Sie trägt einen langen, mit der Chlamys gegürteten Chiton, der vorn aufschlägt und das l. Bein sehen lässt. Ihr Haar ist hinten in einen Knoten aufgebunden. Auf dem Rücken trägt sie einen Köcher und war wol eben im Begriff, vom Bogen einen Pfeil abzuschiessen, von welchem noch Spuren vorhanden sind. Ihre Arme sind fast ganz abgebrochen. R. von ihr im Hintergrunde steht ein Mann (Bauer) e. f., auf dessen l. Schulter die Chlamys mit der Spange aufliegt. Er trägt einen Petasos. In der R. erhebt er einen Stein, in der L. hält er einen Baumstamm als Waffe gegen den Eber. Seiner Hutform wegen hält ihn HELBIG a. a. O. p. 86 für einen Aiolier. R. von ihm und dem Eber steht über dem Verwundeten ein Mann n. l., bekleidet mit Jagdstiefeln und einer vorn auf seiner Brust befestigten und um den l. Arm geschlagenen Chlamys. In der L. (abgebrochen) hielt er zwei Speere, von denen sich Reste am Unterschenkel erhalten haben, und in der R. schwingt er einen dritten Speer, um den Eber von hinten zu treffen. Durch sein krauses Haar geht ein Band. An der r. Ecke der Vorderseite steht ein bärtiger Mann (e. f.) n. r. in Jagdstiefeln. Das Ende einer Chlamys mit Spange liegt über seiner l. Schulter. Um die Brust geht ein Schwertriemen. Sein Haupt ist schmerzlich (n. l.) geneigt. Mit der R. (abgebrochen) griff er nach einer auf seinem r. Schenkel befindlichen Wunde. Man glaubt in ihm den Ankaios zu erkennen (vgl. PRELLER Griech. Myth. II, 306). Zu seinen Füssen der Rest eines sitzenden Thieres, vielleicht eines Hasen. — L. von Meleagros stehen die beiden Dioskuren, kenntlich am Pileus auf dem lockigen Haar. Der Dioskur l. ist rückwärts gebildet, wendet aber mit einer ausdrucksvollen Bewegung den Kopf zurück n. r., als wolle er über die Schulter des Meleagros nach dem Eber sehen. Die Chlamys, die ihm im Rücken herabhängt, ist zweimal um seinen Arm geschlungen. Der r. Arm abgebrochen. R. und l. von ihm bemerkt man am oberen Rande der Vorderseite zwei Lanzenspitzen, während von den Lanzen selbst nichts zu bemerken ist. R. von ihm, doch mehr im Hintergrunde, der zweite Dioskur, dessen Gesicht ganz weggebrochen ist. Ueber seiner r. Schulter ist die Chlamys mit einer Spange befestigt. Mit hocherhobener R. scheint er auf den Hauptvorgang hinzudeuten. L. neben ihm die Spuren eines Baumstammes. R. neben ihm der Kopf des zu ihm gehörigen Pferdes. L. von den Dioskuren eilt Artemis aus dem Hintergrunde hervor, n. r. blickend. Auf ihrem reichen lockigen Haar eine Stephane. Sie trägt den kurzen, doppelt gegürteten Chiton mit einer Chlamys, die beide nochmals mit einem Gewande gegürtet sind, und Jagdstiefel. In der L. hält sie den Rest eines Bogens, während die R. (abgebrochen) vermuthlich einen Pfeil aus dem über die r. Schulter vorsehenden Köcher holte. Das Bedenken, dass Artemis auf den Meleagrossarkophagen als hilfreich bei der Jagd dargestellt ist, während sie nach der schriftlichen Ueberlieferung dem Meleagros feindlich gesinnt war, erledigt sich durch die Erklärung Helbig's a. a. O. p. 85: »Questa divergenza si spiega al parer mio dal significato che la caccia calidonia avea nei sarcofaghi. Senza dubbio essa faceva allusione alla caccia come occupazione prediletta di quello che era deposto nel sarcofago. Come quello venne supposto favorito di Diana, così anche a Meleagro, che quasi rimpiazzava la persona del defunto, fu aggiunta la dea come amica o piena d'interesse per lui.« Durch die Füsse der Artemis jagt n. r. ein Jagdhund dahin, der dabei über eine am Boden liegende Doppelaxt springt. L. von der Göttin schreitet n. r. ein bärtiger Mann mit kurzem, krausem Haar, durch welches ein Reif geht. Er hat über die l. Schulter ein Thierfell (Kopf und Pfoten bemerkbar) geknüpft, welches seinen r. Arm frei lässt. (R. Arm abgebrochen.) Mit der L. trägt er über der l. Schulter eine Doppelaxt mit gekrümmtem Stiel. Doppelbeil und Bärenfell bezeichnen ihn als den Arkader Ankaios (vgl. Preller Griech. Myth. II p. 306,2). Bei Ovid Met. VIII, 391 heisst er geradezu »bipennis Arcas«. Dass er zweimal auf dem Pisaner Sarkophag dargestellt wäre, braucht jedoch nicht angenommen zu werden, da sich aus der Ueberlieferung für den Verwundeten r. auch noch andere Namen auffinden lassen. (Vgl. Bulletino dell' Ist. 1846 p. 131 ff.) Hinter ihm der Rest eines n. r. eilenden Hundes. An der l. Ecke der Vorderseite endlich ein bärtiger Mann (e. f.) n. l. mit langem, in der Mitte gescheiteltem Haupthaar, in Stiefeln, einem langen, über den Armen zugenestelten und gegürteten Chiton und einer Chlamys darüber. In seiner L. der Rest eines Speeres. Die r. Hand (Arm abgebrochen) ist an der Brust wie warnend erhoben, welche Geberde sich auf den in sein Verderben eilenden Ankaios zu beziehen scheint. Seine königliche Gewandung, vielleicht auch der an der l. Ecke erhaltene Rest einer Halle (Königsburg?), lassen in ihm den Oineus erkennen. Die Darstellung der Vorderseite stimmt überein mit dem Sarkophagfragment im Lateranensischen Museum, BENNDORF und SCHÖNE 250.

Ueber den Meleagrosmythos haben am ausführlichsten gehandelt: KEKULÉ De fab. Meleagr., HELBIG in Annali dell' Ist. 1863 und MATZ ebenda 1869 p. 76 ff. — Die Köpfe sämmtlicher Figuren gehen bis zum oberen Rand der Vorderseite.

R. Schmalseite. L. sitzt Meleagros auf einem Felsen n. l. Das l. Bein ist emporgezogen. Ueber der l. Schulter liegt die Chlamys mit Spange auf und ist vom l. Arm nochmals aufgenommen. In der L. hält er einen Jagdspeer. Mit der R. greift er an sein Haupt, welches sich n. r. wendet, wo an einer Eiche in einer Schlinge der todte Eber hängt. Der Baum beugt sich tief herab durch die Last. Bemerkenswerth ist der ernste fast schwermüthige Blick, mit welchem Meleagros das erlegte Thier, die Ursache seines frühen Todes, betrachtet.

Nach der Jagd ausruhend findet sich Meleagros auch auf geschnittenen Steinen, vgl. FEUERBACH Nachgel. Schriften IV p. 20 f: »meistens fesseln diese verhängnissvollen Jagdhäute den Blick unseres Helden und scheinen ihm traurige Vorgefühle einzuflüssen«. Vgl. GERHARD Ant. Bildw. Taf. 116 und BRAUN Antike Marm. II T. 6, 6 b.

L. Schmalseite. Auszug zur Jagd. L. eine Pinie und daneben eine Halle. Durch dieselbe ziehen zwei Jünglinge n. r. in Schuhen und gegürteter Exomis, sich mit der R. auf einen Knotenstock stützend und über ihren Schultern ein aus Weidenruthen geflochtenes Jagdnetz tragend, von der Art, wie sie noch heute in Italien verfertigt werden.

Das Relief der Schmalseiten ist flacher als das der Vorderseite, vgl. zu No. 12.

56. Aphroditeköpfchen.

Zu hohe Aufstellung. — Marmor. Abgebrochen: Lippen. Ergänzt: Nase.

Der Kopf ist n. l. geneigt. Das Haar, durch welches ein Band geht, bildet einen Wulst auf der Höhe des Kopfes und ist hinten in einen Knoten zusammengebunden.

48   A. Aeussere Wand.

57. Halbkreisförmige Aschenurne.

H. 0,23. B. 0,43. — Ital. Marmor. — Deckel fehlt. — Abgebildet: LASINIO R. tav. XLV.

Auf der Vorderseite stehen r. und l. zwei nackte, geflügelte Eroten, nach innen zu ausschreitend, welche die eine Hand an eine zwischen ihnen befindliche leere Inschrifttafel legen, während sie mit der anderen eine dicke unter der Tafel liegende Guirlande mit flatternden Bändern erheben.

58. Sarkophagplatte. Jahreszeiten.

H. 0,97. B. 2,10. — Griech. Marmor. — Das Relief hat durch Verwitterung gelitten und ist auch sonst beschädigt. Von oben r. geht schräg nach unten zu ein Bruch durch die ganze Vorderseite. — Befand sich früher: »nel cortile degli ex-nobili Signori Roncioni« MORRONA P. i. III p. 460.

In der Mitte befindet sich ein mit einem vorstehenden Rande umgebenes Médaillon und in demselben die Brustbilder einer Frau und eines Mannes. Erstere im Chiton mit wehendem Schleier legt die L. um den Nacken des Mannes, welcher mit einem Ober- und Untergewande bekleidet ist. Auf dem Rande des Médaillons sind in flachem Relief die Bilder des Zodiacus dargestellt. Noch erkennbar darunter sind besonders: Mann mit Wage und Schütz. Das Médaillon wird gehalten von zwei sich symmetrisch entsprechenden geflügelten Eroten, in Jünglingsgestalt, als Repräsentanten der Jahreszeiten. Ihre langen Locken sind mit Kränzen geschmückt. Die auf der Brust zusammengenestelte Chlamys hängt im Rücken herab und wird von dem einen Arm wieder aufgenommen. Während sie mit der einen Hand das Médaillon fassen, erheben sie in der andern einen mit Blumen und Früchten gefüllten Korb. Der Erot r. wiederholt sich genau an der l. Ecke der Platte, der Erot l. neben dem Médaillon an der r. Ecke derselben. Zwischen den beiden Eroten r. von dem Médaillon liegt der bärtige Okeanos n. l., sich auf den l. Arm stützend. An seinem Haupte befindet sich auf der einen Seite die Spur eines Horns. Das Gewand, das seine Beine bedeckt, ist im Rücken etwas emporgezogen. In der R. hielt er einen Gegenstand, von dem nur noch Spuren vorhanden sind. Hinter ihm und den Füssen des äusseren Eroten bemerkt man ein Schiff mit geschwungenem Bug und unter demselben den Rest eines springenden Thieres (vielleicht das Bugbild des Schiffes?). Zwischen den Eroten l. von dem Médaillon liegt Gaia n. r., auf den

r. Arm sich stützend. Das Gewand bedeckt ihre Beine. Um ihren Hals geht ein Band, das wie zwei auf der Brust zusammengeknüpfte Schlangen gebildet ist. Von dem Füllhorn, welches sie hielt, ist nur noch ein Rest erhalten. Ihre Füsse und ein Arm sind bei ihr wie bei dem Okeanos ungeschickt zwischen die Füsse der mittleren Eroten durchgezwängt. Neben Gaia an der r. Ecke der Rest eines undeutlichen Gegenstandes (Omphalos mit Binden?) und auf der l. Ecke ein Greif, dessen Körper auf dem erhaltenen Stückchen der l. Schmalseite des Sarkophages sichtbar ist. Auch der l. Flügel des Eroten der r. Ecke auf der r. Schmalseite dargestellt. In der Mitte unter dem Médaillon ein Felsen und drei Pinien. Davor ein Ackersmann (Kopf abgebrochen) im kurzen Chiton, einen gefüllten Korb auf der einen Schulter tragend, mit der L. einen mit zwei Stieren bespannten Pflug leukend. Vor demselben schreitet eine Frau Kopf und Arme abgebrochen; im langen, gegürteten Chiton, der von der r. Schulter herabgefallen ist, einher, gleichfalls einen Korb tragend. Unter den Stieren liegt ein dritter Korb auf den Ackerschollen. Sämmtliche Körbe haben Deckel. — Bei den Eroten sind die Augensterne und Pupillen angegeben.

Ueber die Darstellung der Jahreszeiten auf Sarkophagen vgl. PETERSEN in Annali dell' Ist. 1861 p. 204 ff. — Jahreszeiten und ein pflügender Landmann unter dem Médaillon auf einem Sarkophagrelief im Vatican im Cortile del Belvedere, sowie auf einem ebensolchen im Hofe des Palazzo Giustiniani zu Rom. — Die vier Eroten ohne bestimmte, die einzelnen Jahreszeiten charakterisirenden Attribute sind Symbole des durch das ganze Leben reichlich gespendeten Segens und Glückes, das sich Mann und Frau, wie der Pisaner Sarkophag zeigt, durch Fleiss und Arbeit erworben haben. Die Darstellung eines arbeitsvollen Lebens durch Feldarbeit und Ackerbau symbolisirt ist ein besonders der römischen Kunst geläufiger Zug.

59. Römischer Grabstein.

H. 0,48. B. 0,64. — Ital. Marmor. — Publicirt: GORI Inscr. ant. II p. 22. Befand sich früher: »nel cortile degli ex-nobili Signori Roncioni« MORRONA P. i. III p. 461.

Um die viereckige Tafel läuft rings herum ein flacher Rand. Am oberen Rande die Buchstaben

        V (viventes)   F (fecerunt),

am unteren:

        SIBI · ET · SVI(s) · P · QVE

Die bildliche Darstellung befindet sich im unteren Theile der Tafel. In der Mitte ein mit Speisen besetzter Tisch auf zwei Füssen, welche oben in Menschenköpfe ausgehen. Darunter ein viereckiger Kasten. R. und l. von dem Tisch je eine Büste, sowie ein schräg stehendes Bündel von je drei Fackeln. Unter den Büsten:

AN·D   XXV

In dem oberen Theile der Tafel die Inschrift:

Q·ANQVIRINNIVS·SEC
VNDVS·OCCIA·AGILE
VXOR·Q·AQVIRINNIO
GAL·SEVERO·F·VI·D·S·F

60. Römischer Sarkophag. Schlacht.

H. 1,01. T. 1,05. B. 2,37. — Griech. Marmor. Der Sarkophag hat ausserordentlich gelitten. Das Hochrelief, womit die Vorderseite geschmückt ist, nur noch fragmentarisch erhalten. In der Mitte ein grosses Stück herausgeschlagen. Das wenige übrig gebliebene ist jedoch meist vortrefflich erhalten, so dass nur an gewaltsame Zerstörung durch menschliche Hand zu denken ist. Der Sarkophag stand früher in S. Zenone. — Besprochen: MORRONA P. i. II p. 306. — Abgebildet: LASINIO R. tav. CXII, CXIII. — Der steinerne Deckel ist ein giebelförmiges Dach.

Das Relief der Schmalseiten ist bedeutend flacher, als das der Vorderseite. Hierüber vgl. zu No. 12.

Vorderseite. An der unteren l. Ecke steht auf zwei Schilden eine weibliche Figur in langem, gegürtetem, unten befranztem Aermelchiton und einem Obergewand (Kopf und r. Arm abgebrochen). Der l. Arm war am Körper erhoben. Hoch über ihr vor einer Halle steht eine geflügelte Victoria im langen, gegürteten Chiton mit Ueberschlag, aus welchem das l. Bein (vom Schenkel abwärts abgebrochen) vorsieht. (Kopf und Arme abgebrochen.) Vielleicht setzte sie ihren l. Fuss auf den Nacken eines unter ihr hockenden, r. neben der zuerst beschriebenen Figur befindlichen Gefangenen (e. f.), dessen Hände auf dem Rücken zusammengebunden sind. (Kopf und Beine abgebrochen.) Am Unterleib der Rest eines Gewandes, vielleicht der Hosen. Ueber der r. Schulter ist eine Chlamys mit Spange befestigt. L. auf dem Boden neben ihm eine phrygische Mütze, ein Helm und länglich runder Schild. Ein Fragment an letzterem zeigt,

I. Nordcorridor. 51

dass der Gefangene einen Fuss auf den Schild setzte. R. davon und zunächst dem unteren Rande ein auf seinem Pferde hingestürzter Reiter n. r., mit Hosen bekleidet. (R. Fuss und beide Arme, sowie Kopf und ein Theil der Vorderfüsse des Pferdes abgebrochen.) Der runde Schild scheint dem Reiter nach hinten zu entfallen. Ueber ihm der Torso eines n. r. springenden Pferdes, von dessen Reiter nur ein kleiner Theil des Harnisches mit dem ausgezackten Waffenrocke darunter und ein Theil der mit Hosen bekleideten Beine erhalten ist. Am l. Arm hielt er einen grossen runden Schild. Er scheint im Kampfe gewesen zu sein mit einem über ihm befindlichen Reiter. (Kopf und Arme abgebrochen, ebenso Kopf und Vorderbeine des Pferdes.) Er trug kurze Hosen, Beinschienen(?), einen kurzen Chiton, darüber den mit dem Schwertriemen gegürteten Harnisch und ein über der l. Schulter mit Spange befestigtes Paludamentum. An der L. hielt er einen runden Schild. Von seinem Schwerte ist nur der Griff sichtbar. Vor dem r. Vorderfuss seines Pferdes liegt ein länglicher sechseckiger Schild, der an den Schmalseiten ausgerundet und in der Mitte genabelt ist. L. von dem Reiter ein befranztes Stück Tuch, wahrscheinlich ein vexillum, welches wol zu der Fahnenstange gehört, die von einem r. von dem vexillum im Hintergrunde befindlichen bärtigen Soldaten n. r. in Panzer und Helm gehalten wird. Ueber dem vexillum ist neben der Victoria ein tropaeum errichtet. Der Fahnenträger wendet sein Gesicht mit grimmigem Ausdrucke n. l. R. von ihm der Torso eines n. r. springenden Pferdes mit Reiter. Von demselben ist nur ein Stück des Leibes erhalten, an welchem man noch den Theil eines Gewandes (Hosen?) wahrnimmt. Sein Oberkörper war nackt. An der L. hielt er einen runden Schild. Er ist im Kampfe zu denken mit dem Reiter unter ihm, dessen Pferd (Vorderfüsse und Schwanz abgebrochen) n. r. hin galoppirt. Von dem Reiter selbst sind Hinterkopf, r. Arm und unterer Theil des r. Beines abgebrochen. Er selbst wendet den Kopf, dessen langer Bart nun l. sichtbar wird, zurück nach seinem Gegner über ihm. Bekleidet ist er mit dem kurzen durch den Schwertriemen gegürteten Chiton. An seiner r. Seite hängt die Schwertscheide. An der l. Hand der Rest eines runden Schildes bemerkbar. Unter ihm ein n. l. hingestürztes Pferd, im Begriff sich wieder aufzurichten, und r. daneben Spuren dreier Menschenfüsse, von denen zwei eine Fussbekleidung tragen. R. davon am unteren Rande der Torso eines Pferdes, das auf die Hinterfüsse gestürzt ist. An demselben hat sich der Ueberrest eines Schwertes und der beschuhten und mit Hosen bekleideten

4*

Füsse eines Reiters erhalten. Ueber den Pferden beginnt, schräg n. r. oben sich hinziehend, ein grosses Loch, das jetzt mit Stuck ausgefüllt ist. Ueber demselben der Torso eines Pferdes mit Reiter (n. r.). Letzterer trug Hosen, Panzer, dessen Zacken unter dem Gürtel vorsehen, einen wehenden Mantel und an der L. einen kleinen runden Schild. (Kopf und Arme abgebrochen.) Hinter ihm der Oberkörper eines römischen Reiters n. r., im Aermelchiton und Helm. Den Kopf wendet er n. l. R. von ihm der Ueberrest eines Rosses und Reiters mit Mantel und grossem runden Schild. R. neben ihm das Fragment eines Rosses n. r. und auf diesem der Rest eines Reiters. Er trug einen kurzen Chiton und Panzer. In der L. hielt er einen grossen runden Schild nebst Lanze. R. davon das Fragment eines Reiters in Hosen und dahinter der behelmte Kopf eines römischen Soldaten n. l. Unter ihm und r. neben dem Loche ein Reiter auf einem sich aufbäumenden Rosse n. r., dessen Vorderfüsse abgebrochen sind. Vom Reiter fehlen: Kopf, r. Arm und r. Bein. Die L. hält den runden Schild. Der Körper ist mit einem gegürteten Chiton und Paludamentum bekleidet. Unter ihm der Torso eines Pferdes n. r. und an diesem das Fragment eines menschlichen Fusses. R. davon ein hinstürzendes Pferd n. r. und der bekleidete Torso eines Reiters. Darüber wieder ein Stück von einem Pferdefuss und das befranzte Stück Tuch eines vexillum. Ueber demselben eine Lücke, die aber früher jedenfalls auch mit Figuren ausgefüllt war, und zunächst dem oberen Rande ein n. r. springendes Pferd (ohne Kopf) mit dem Torso eines mit Hosen bekleideten Reiters. Etwas weiter nach unten r. ein n. l. springendes Ross, dessen Kopf und Vorderfüsse abgebrochen sind, mit dem Fragment seines Reiters. Ueber diesem der Rest einer Figur, deren Lage jedoch kaum zu bestimmen ist. R. davon unter dem oberen Rande der Vorderseite die Reste zweier Flügel, die sicher einer Victoria (e. f.) angehörten. Auch ein Fragment ihres l. Fusses ist vorhanden. Unter ihr etwas n. l. steht auf Schilden ein hoher Mann (e. f.), dessen Kopf und r. Bein abgebrochen ist. Er trägt Schuhe, Hosen, kurzen befranzten und gegürteten Aermelchiton und einen langen, über der Brust mit einer Spange befestigten, befranzten Mantel. Seine Arme sind vorn zusammengebunden. R. neben ihm Fragmente verschiedener Gegenstände, von denen sich ein menschlicher Fuss erkennen lässt.

R. Schmalseite. R. sitzt auf einem Polsterstuhl mit sich kreuzenden Beinen, deren Enden in Thierfüsse auslaufen, der bärtige Imperator n. l. Er trägt Stiefeln, kurzen Chiton, Panzer

I. Nordcorridor.

und das auf der l. Schulter mit Spange befestigte Paludamentum. Den l. Fuss hat er auf einen Schemel gesetzt. In der L. hält er das Schwert, dessen Griff ein Adlerkopf ist. Die R. ist n. l. ausgestreckt. An ihn heran tritt v. l. der besiegte Feind, bekleidet mit Hosen, kurzem, gegürtetem Chiton, der r. Schulter und Rücken entblösst lässt; er ist im Begriff niederzukniëen und das Bein des Imperators zu berühren. Hinter ihm steht ein jugendlicher Krieger n. r., im kurzen gegürteten Aermelchiton und auf der r. Schulter mit Spange befestigten Paludamentum. Er ist wol als Diener des Imperators anzusehen, dessen Helm er hält. R. neben ihm steht ein alter bärtiger Krieger n. r. in gegürtetem Aermelchiton und einem auf der r. Schulter mit Spange befestigten Paludamentum. Die R. hat er erhoben, und scheint im Gespräch mit dem r. neben ihm stehenden Krieger (n. l.), von dem aber nur ein Theil des bekleideten Oberkörpers sichtbar ist. Auf dem Kopfe trägt er einen Helm mit Backenlaschen und Helmbusch, in der L. hält er die Lanze, in der R. einen grossen, runden, genabelten Schild.

L. Schmalseite. Auf dem Suggestus steht der bärtige Imperator (n. r.), bekleidet mit Schuhen, Beinschienen, kurzem, befranztem Chiton, Panzer und dem auf der r. Schulter mit Spange befestigten Paludamentum. Die R. ist gesenkt. In der L. hält er eine Lanze. L. hinter ihm steht ein Vexillarius n. l., den Kopf n. r. wendend. Er trägt Stiefel, einen kurzen, gegürteten Chiton, Helm mit Visir, Backenlaschen und Helmbusch, und hält in der R. das vexillum. Zwischen ihm und dem Imperator zeigt sich der behelmte Profilkopf (n. l.) eines Soldaten. Von r. tritt an den Feldherrn heran zunächst ein kleiner Knabe n. l. in Schuhen, Hosen und Chiton. (Kopf und r. Arm abgebrochen.) Er umfasste mit beiden Händen das Bein des Imperators. Ihm folgt r. ein älterer Mann. Auch er ist im Begriff mit seinen (gefesselten) Händen die Kniee des Feldherrn zu umfassen. Er trägt Schuhe und Hosen. Diese sowie der lange Kinnbart charakterisiren den Barbaren. Zwischen seinen Füssen liegt ein länglicher, sechseckiger, genabelter Schild. Ueber ihm wird der Oberkörper eines anderen Barbaren (n. l.) mit Kinnbart in gebückter Stellung sichtbar. R. von ihm an der Ecke ein bärtiger römischer Legionar n. l., bekleidet mit Schuhen, engen, nur bis über das Knie gehenden Hosen und enganliegendem Panzer mit Zackenrand, unter welchem an Arm und Hals ein Gewand hervorsieht. Er legt seine L. auf den Rücken des Barbaren vor ihm. In der L. hält er die Lanze. Auf dem Kopfe hat er einen Helm mit Busch, Visir und Backenlaschen.

54   A. Aeussere Wand.

Sämmtliche Figuren der Vorderseite haben, soweit sie erhalten sind, Augensterne. Die Arbeit des Reliefs ist vortrefflich. Sie stammt aus bester römischer, vielleicht Trajanischer Zeit.

61. Grosser Musensarkophag.

H. 1,44. B. 2.90. T. 1,56. — Feinkörniger Marmor (Cipollino?). Der Marmor hat eine graue Farbe angenommen. Durch Tünche und Verwitterung hat das Relief sehr gelitten und ist mehrfach abgebrochen. — Der Sarkophag kam aus dem Besitze der Familie Roncioni hierher. — Abgebildet: Lasinio R. tav. CXLIII und CXLIV. — Angeführt von Wieseler in seinem Verzeichniss der Musensarkophage Annali d. I. 1868 p. 123 Anm. — Die Höhe des Deckels ohne die darauf ruhenden Figuren 0,39.

Ueber einem reich gegliederten Unterbau erheben sich auf der Vorderseite des Sarkophags sechs, auf beiden Schmalseiten je drei spiralförmig cannelirte, korinthische Säulen, auf deren Capitälen ornamentirte Archivolten mit Nischen in Muschelform aufsetzen, so dass auf der Vorderseite fünf, auf jeder Schmalseite je zwei hallenartige Räume entstehen. Darüber läuft längs dem oberen Rande ein mit Eierstab ornamentirter Leisten hin. Auf den Capitälen der vier Ecksäulen je ein nackter Triton, in der L. ein Ruder, in der R. ein Muschelhorn, in welches er bläst, haltend. Die Köpfe der Tritonen sind zum Theil sehr beschädigt. Dem Triton der r. Ecksäule fehlen die Attribute ganz. Auf den vier übrigen Capitälen der Vorderseite steht je ein nackter, geflügelter Erot, sehr beschädigt und theilweis ohne Arme. Von den Attributen, welche diese Eroten hielten, ist mit Sicherheit nur bei dem vierten der Vorderseite eine grosse Maske mit Augen- und Mundhöhle zu erkennen. Der zweite Erot scheint mit einem Griffel, den er in der R. hält, auf eine Tafel zu schreiben. Ueber den Mittelcapitälen der Schmalseiten befindet sich der Oberkörper je einer nackten geflügelten Jungfrau, mit lockigem Haar, wol Sirenen, die auf Grabmälern nicht selten sind und wie die Sphinxe auf die Gefahren hindeuten, »denen der Mensch auf seinem Lebenswege ausgesetzt ist« (Michaelis Arch. Zeit. 1866 p. 143). Auf der Vorderseite steht in der ersten Halle l. eine Muse (Klio?) im ungegürteten, dorischen Chiton. Ihre Chlamys, die mit einem Ende auf der l. Schulter aufliegt, fällt nach vorn hinunter, ist dann in weitem Bogen nach hinten genommen und mit dem andern Ende wieder über die l. Schulter vorgeworfen. Die Füsse sind mit Schuhen bekleidet. Durch das Haar geht ein Band. In der L. hält sie eine Tafel und ist im Begriff mit einem Griffel darauf zu schreiben. In der zweiten Halle steht eine andere, ebenso gekleidete Muse (r. u. l. Hand abgebrochen). Doch hielt die R. einen länglichen Gegenstand, vielleicht eine Rolle. In der mittelsten Halle ist der Verstorbene (sein Kopf hat Portraitzüge), bekleidet mit Schuhen, Hosen, Tunica und Toga, als Dichter dargestellt. In der gesenkten L. hält er eine Rolle, die R. ist wie beim Redner erhoben (Hand zum Theil abgebrochen). In der vierten Halle steht Melpomene, beschuht, im langen, breitgegürteten Aermelchiton. Das Haar, das bei den anderen Musen nur schlicht das Haupt umgiebt, ist bei ihr vorn über der Stirn zu einem Knoten aufgebunden, ebenso am Hinterkopf. Ueber ihre l. Schulter fällt ein Gewandstück (Löwenfell?) herab. In der L. hält sie eine grosse ernstblickende Heraklesmaske, deren Bart zum Theil abgebrochen ist. Der r. Arm war gesenkt (zum Theil abgebrochen). Vielleicht hielt sie die Keule in der r. Hand, worauf erhaltene Spuren hindeuten, und setzte dieselbe auf einen l. neben ihr liegenden Thierschädel. In der fünften Halle Terpsichore, etwas n. r. gewendet, neben einem viereckigen Pfeiler, den l. Fuss auf eine kleine Erhöhung setzend. Sie trägt Schuhe, den langen, mit Spangen über den Schultern zugenestelten Chiton, der von der r. Schulter etwas herabgeglitten ist. Die auf der l. Schulter aufliegende Chlamys fällt in weitem Bogen nach vorn herab, ist dann nach hinten genommen und über die l. Schulter vorgeworfen. In der L. hält sie die Lyra, welche zugleich auf der Säule ruht. In der R. scheint sie das Plektron zu halten und damit in die Saiten zu greifen.

R. Schmalseite. In der ersten Halle l. eine Muse im langen, gegürteten Aermelchiton. Die auf der l. Schulter aufliegende Chlamys fällt im Rücken herab. Die Füsse sind beschuht. An einem über die r. Schulter gehenden Bande hängt die Schildkrötenlyra, die wol von dem abgebrochenen l. Arme gehalten wurde. Die Hand der herniederhängenden R. ist abgebrochen. In der Halle r. eine Muse in Schuhen und langem Chiton. Die Chlamys ist eng um ihren Körper geschlagen. In dem Bausch derselben vor der Brust ruht die R., während die herabhängende L. ganz von der Chlamys verborgen ist.

L. Schmalseite. In der Halle l. steht Urania (e. f.), den Kopf n. l. wendend und an einen viereckigen Pfeiler sich lehnend. Sie trägt den auf den Schultern mit Spangen zugenestelten, ungegürteten, langen Chiton, der ein wenig von der r. Schulter herabgesunken ist. Auf der l. Schulter scheint die Chlamys aufzuliegen, welche dann unterhalb der Hüfte vorgenommen und über den l. Arm geworfen ist. Das herunterfallende bezipfelte Ende ist in regelmässige Falten gelegt. In der l. Hand hält Urania die Himmelskugel, in der r. einen Griffel, den sie der Kugel nähert. In der Halle r. steht die letzte, achte Muse, in einem langen Chiton und einer Chlamys, die auf der l. Schulter aufliegt, nach vorn genommen und über die r. Schulter wieder zurückgeworfen ist. In dem so entstehenden Sinus ruht der r. Arm. Der l. Arm scheint die Chlamys aufzunehmen und hält in der Hand ein sich öffnendes Volumen. — Ueber die Unzulänglichkeit der geläufigen Musenbenennungen nach ihren Attributen vgl. A. TRENDELENBURG Annali d. I. 1871 p. 33 f. Wo, wie bei dem Pisaner Sarkophag, die drei Seiten in Nischen eingetheilt waren, und der Verstorbene gleichsam als Günstling der Musen den Mittelpunkt der Darstellung einnahm, da konnte die Neunzahl der Musen schon gar nicht ohne Verletzung der Symmetrie beibehalten werden. Acht Musen finden sich auch auf dem im Hofe des Palazzo Mattei zu Rom eingemauerten Sarkophagrelief, wo in der Mitte der Verstorbene als Dichter, und r. und l. neben ihm Apollo, den Fuss auf einen Hagieus Bomos setzend, mit der Lyra und Athena mit dem Speer dargestellt sind. Die Abbildung bei VENUTI Monum. Math. III tav. XLIX zeigt allerdings an Stelle des Apollo eine Muse, scheint mir aber unrichtig zu sein. — Athene mit Eule und Speer und Apollo mit Lyra und Greif unter neun Musen auf der Vorderseite eines Münchner Sarkophages (SCHORN Beschr. No. 196).

Der Deckel stellt ein mit einem quergestreiften Teppich bedecktes Ruhebett dar. Die Seitenlehnen desselben sind abgebrochen. An den Ecken der Vorderseite haben sich die Ueberreste von je einem sitzenden Eroten erhalten, von denen der r. ein Körbchen hielt. Auf dem Lager selbst ruhen Mann und Frau (über Lebensgrösse) in der Stellung wie das Ehepaar auf dem s. g. Alexander-Severus-Sarkophage im Capitolinischen Museum (FOGGINI M. C. IV tav. 1—3). Bekleidet sind sie mit Ober- und Untergewand. Die Köpfe und zum Theil auch die Arme sind abgebrochen. Ein Erot, einen Raben mit Kohlstande fütternd, befindet sich auf dem ebenfalls als Ruhebett dargestellten Deckel eines Kindersarkophages im Capitolinischen Museum (RIGHETTI Campidoglio tav. 85).

Ueber Eroten, auf dem Lectus der Ehegatten sitzend und mit Hausthieren oder anderen Gegenständen spielend, vgl. O. JAHN Ber. d. sächs. Ges. 1851 p. 175 f.

II. Ostcorridor.
No. 62—66.

62, 62ᵇ, 62ᶜ. Deckelfiguren dreier etruskischer Aschenkisten.

Zu No. 62 und 62ᵇ haben sich auch die zugehörigen viereckigen Aschenkisten, die auf Klotzfüssen ruhen, erhalten. Ihre Seiten sind glatt.

Auf den thönernen Deckeln ruht je eine weibliche bekleidete Figur in der bekannten Weise, in der R. einen Fächer haltend.

63. Christlicher Sarkophag.

H. 0,37. B. 1,83. T. 0,43. — Ital. Marmor. — Als Deckel dient eine Schieferplatte. Der Sarkophag ruht auf Löwenfüssen. An den Schmalseiten Löcher zur Befestigung der Deckelklammern.

Die Vorderseite ist spiralförmig cannelirt und lässt nur in einem Mittel- und zwei Eckfeldern Raum für den Reliefschmuck. In dem Mittelfeld in einem Médaillon das bekleidete Brustbild Christi, welcher drei Finger der r. Hand ausstreckt. Um seinen Kopf geht ein Nimbus. In den Eckfeldern je ein nackter, ungeflügelter Erot, mit einander correspondirend. Den einen Arm, dessen Hand ein Pedum (oder λαγωβόλος) hält, erheben sie über das Haupt, in der andern halten sie ein (todtes?) Thier (Hasen?) beim Schwanz. Dasselbe Motiv zweier mit Pedum und Hase (und Pedum und Früchten) heranschreitenden Eroten findet sich auf einem griechischen Sarkophag von Patras (publicirt von MATZ Arch. Zeit. XXX tab. 59 p. 16 ff.), wo dieselben von MATZ als Eroten, welche Opfergaben bringen, erklärt worden sind, während BENNDORF (Sarkophag von Kephissia Arch. Zeit. 1868 p. 37 f.) wol richtiger an Repräsentanten der Jahreszeiten denkt. Vier Eroten als Reliefschmuck auf einem Pilaster, eine Hand mit einem Pedum über den Kopf erhebend, finden sich auf einem Phaidrasarkophag in den Uffizien (Galleria di Firenze Ser. IV, II, 91), woselbst man nur an die Repräsentanten der Jahreszeiten denken kann, und eine ganz ähnliche Darstellung auf einem

Adonissarkophag von Mantua (Labus III, 21). — Auf beiden **Schmalseiten** des Sarkophags je ein nach der Vorderseite zu kauernder Greif. — Der ganze Sarkophag zeigt Spuren von Farbe: Der Hintergrund des Médaillons ist grün, der Nimbus gelb, die Haare Christi dunkel. Auch Gesicht und Gewand waren gefärbt.

64. Altar.

H. 1,16. Länge der oberen Seite 0,78. — Ital. Marmor. Abgebildet: LASINIO R. tav. XIV, 161: »esisteva prima nella chiesa di S. Stefano fuori porta Lucca«.

Ueber einer zweistufigen, quadratischen Basis erhebt sich ein glatter, runder Säulenschaft, welcher die eigentliche Altarplatte als Capitäl trägt. Dieselbe ist an allen vier Ecken mit einem Widderkopf und dazwischen mit einem Reliefstreifen von Blättern verziert. Auf der Platte selbst nochmals ein runder, tellerartiger Aufsatz, aus dessen Mitte sich eine Spitze (jetzt abgebrochen) erhob.

65. Altar.

H. 1,45. — Fuss aus rother Breccia. Abgebildet: LASINIO R. tav. XV: »trovata nella campagna Pisana«. — Erwähnt: MORRONA P. i. II p. 315.

Ueber einem in der Mitte sich verjüngenden Säulenschafte liegt die breite viereckige Altarplatte, die an jeder Ecke mit einem Widderkopfe verziert ist.

66. Römischer Grabstein.

H. 0,47. B. 1,96. — Marmor. Die Platte, welche nicht glatt sondern nur mit dem Spitzhammer behauen ist, hat man zu einem modernen Sarkophag mit marmornem Deckel reconstruirt. Auf diesem die moderne Inschrift: »Quum marmoreis lapidibus inter sanctorum Guidi Confessoris Pisana et Simonis et Iudae apostolorum aras intervalla pictis tabulis exornanda instruerentur, sepulcrum hoc cum duabus inclusis inscriptionibus quarum altera A. S. H. G. R. annum MDXL altera vero MDLXXXXVI prae se ferebat, tertio repertum fuit, iussuque ill[mi] ac rev. domini Francisci ex comitibus Guidi Archiepiscopi Pisani ossa intus inventa in sacello omnibus sanctis dicato quod huius sepulcri ambitu continetur humata sunt. Franciscus Quarantotto principis ecclesiae aedilis ne tantum antiquitatis monumentum diutius in tenebris delitesceret, huc asportandum summa

cura ac diligentia curavit. A. D. MDCCXXXXIII. Aerae Pisanae.«
— Erwähnt: MORRONA P. i. II p. 311 f. — Die Inschrift bei GORI Inscr. ant. III p. 365.

L. die Inschrift:

      D ·   M ·
   ANNIAE IVCVN
   DAE · M · ANNI
  PROCVLI · MATRIS

Daneben r. ist ein quadratisches Feld ausgearbeitet und in demselben in flachem Relief die Form eines Grabhügels mit einem Kreuze stehen gelassen. Daran schliesst sich r. die in der Mitte der Platte befindliche Inschrift:

         D ·   M ·
 M · ANNIO · M · F · PAL · PROCVLO
  DECVRIONI · COL · OST · FLA · DIVI
  VESPASIANI · PATRONO · FABRVM ·
5 NAVALIVM · OST · VIXIT · ANN · XXV ·
   MENS · VI · DIE · XXVIII · H · IIII

Mutter und Sohn lagen also beide unter einem Grabsteine. In den Buchstaben Spuren rother Farbe. Hierauf folgt r. wieder ein ausgemeisseltes Feld und darin in flachem Relief ein Gegenstand, wie das Ruthenbündel eines Lictors, mit einem längeren Stabe zusammengebunden. Ueber die Inschrift GORI a. a. O.: »Constat M. Annium Proculum, Palatina tribu censum, fuisse decurionem, nempe senatorem, coloniae Ostiensis flaminem divi Vespasiani et patronum fabrum navalium Ostiensium qui cum scribatur vixisse annis XXV patet decurionatus et flaminatus munera ea aetate geri potuisse.«

III. Südcorridor.

No. 67—119.

67. Columna Acheruntia.

H. 0,89. Grösster Umfang 0,86. — Marmor. Oben und unten abgebrochen. — Abgebildet: Lasinio R. tav. CXLVI, 163.

Ueber einem schmalen, runden Fusse erhebt sich, nach oben zu sich erweiternd, die Stele, verengt sich dann plötzlich und endigt oben in einem schmalen, kegelförmigen Aufsatz. Vor der Einschnürung ist rings herum ein breiter Ornamentstreifen von Weinranken und Beeren eingemeisselt. Auf der Einschnürung die Buchstaben:

V · M · BA

und auf dem Kegel selbst

A · D · ⅅ I ⋝

Etruskische Grabstelen ähnlicher Form bei Gori Mus. Etr. III classis III tab. XXIV und cl. IV tab. XVI, 2 und 3.

68. Viereckige Aschenurne.

H. 0,39. B. 0,33. T. 0,23. — Röthlicher feinkörniger Marmor. — Deckel fehlt. Die Nebenseiten nur mit dem Spitzhammer zugehauen. — Abgebildet: Lasinio R. tav. VII, 171. Die Inschrift bei Gori Ant. inscr. II, 42. — Wurde 1812 aus Florenz hierher gebracht.

R. und l. an beiden oberen Ecken der Vorderseite je ein bärtiger Kopf mit Widderhörnern (e. pr.) von denen eine, mit einem Bande befestigte Fruchtguirlande herabhängt. Dazwischen eine Tafel, auf welcher sich die Inschrift befindet:

III. Südcorridor. 61

   D · M ·
  |VLIAE · |SIADIS
   CONIVGI
    B · M ·
5 P · SEXTILIVS
   VITALIS
  P.   S ·
  P. C · R
  INF · P · CLX
  IN AG · P · L

Zwischen dem unteren Rande der Inschrifttafel und der Guirlande ein Gorgoneion mit flatternden Haaren und unter dem Kinne geknüpften Schlangen.

Köpfe mit Widderhörnern auf Grabmonumenten werden von PETERSEN (Annali d. I. 1861 p. 221) und L. STEPHANI (Compte-rendu 1862 p. 78 Anm.) als Dionysische Symbole und von letzterem als Ammonsköpfe aufgefasst. O. JAHN (Ber. d. sächs. Ges. 1855 p. 28 ff.) erklärt sie dagegen als Apotropeia, in demselben Sinne wie A. MICHAELIS (Arch. Zeit. 1866 p. 144) das Medusenhaupt als den »bildlichen Ausdruck eines Verbotes, das Grab zu beschädigen oder einer Drohung oder Verwünschung« bezeichnet.

69. Viereckige Aschenurne.

H. 0,21. B. 0,33. T. 0,27. — Ital. Marmor (?). Deckel fehlt. — Abgebildet: LASINIO R. XXXXIV. — Inschrift bei MURATORI Thes. Suppl. 3933: »Lucae apud Nobb. de Serjustis Urna«.

Unter dem oberen Rande zieht sich eine Perlenschnur entlang. R. und l. an den oberen Ecken der Vorderseite je eine Satyrmaske, von denen eine mit Band befestigte Lorbeerguirlande herabhängt. Zwischen den Masken eine Tafel mit der Inschrift:

   D · M ·
  P · ATILIO ·
   CANDIDO

Zwischen Tafel und Maske je eine in die Höhe kriechende Eidechse, nach deren Schwänzen zwei auf der Guirlande stehende Vögel (Raben?) picken. Zwischen dem unteren Rande der Tafel und der Guirlande eine haar- und bartlose Maske. Auf der l. Nebenseite befindet sich ein Ornament von fünf in einer quincunx stehenden Rosetten mit Blättern dazwischen. Dasselbe Ornament vermuthlich auch auf der r. Nebenseite.

Die Satyrmaske hat auf einem Vasenbilde als Apotropeion nachgewiesen O. JAHN Ber. d. sächs. Ges. 1854 p. 45. Vgl. zu No. 68.

70. Römischer Sarkophag mit Eroten und Meergottheiten.

H. 0,53. B. 1,10. T. 0,58. — Griech. Marmor. Auf dem steinernen Deckel ein mittelalterliches Wappen eingemeisselt, und r. und l. von dem mittleren Eroten eine mittelalterliche Inschrift. — Abgebildet: LASINIO R. tav. V und VI. Besprochen MORRONA II p. 347.

Das Relief der Schmalseiten ist flacher als das der Vorderseite. Vgl. zu No. 12.

Vorderseite. In der Mitte ein n. r. ausschreitender geflügelter Erot, den Kopf nach oben wendend. An den Ecken je ein ungeflügelter Erot. Sie halten alle drei eine von der Mitte aus nach den Ecken im Bogen gehende Guirlande aus Blättern, Blumen und Früchten mit flatternden Bändern über ihren Schultern. Die Eroten an den Ecken greifen mit einer Hand nach oben hinter ihren Rücken, um die Guirlande fest zu halten. In dem Raume über der Guirlande ist Wasser angedeutet. Darauf schwimmt l. ein Seekentaur n. r., in der R. eine Syrinx haltend. Auf seinem Rücken reitet über einem Gewandstück eine Nereide, mit der R. sich auf den Rücken des Kentauren stützend, mit der L. an seine l. Schulter greifend. Beide wenden das Haupt zurück n. l. Der Kentaur erhob den l. Arm (abgebrochen). Ueber der r. Guirlande schwimmt auf den Wellen ein Triton n. l., in der L. eine Schale mit Früchten haltend. Auf seinem Rücken reitet eine Nereide. Ihr Unterkörper ist mit einem Gewande bedeckt. Mit der L. stützt sie sich auf den Rücken des Tritonen, mit der R. greift sie nach seiner Schulter. Der Triton wendet das Haupt gegen sie zurück. — An den Früchten der Guirlande sind überall die Bohrlöcher stehen geblieben.

Auf den Schmalseiten je eine Lorbeerguirlande mit flatternden Bändern, die an den oberen Ecken befestigt ist und im Bogen herabfällt.

Ueber Meergottheiten vgl. zu No. 45, PETERSEN Annali d. I. 1860 p. 396 ff. — Geflügelte und ungeflügelte Eroten finden sich nicht selten neben einander auf ein und demselben Bildwerk, was aber wol entweder in der Nachlässigkeit des Künstlers oder in künstlerischen Rücksichten seinen Grund hat. Vgl. O. JAHN Arch. Beitr. p. 247 ff.

71. Römischer weiblicher Portraitkopf.

H. 0,24. Gsl. 0,13. — Feinkörniger Marmor. — Ergänzt: Nase und Kinn. Auf dem Zopfe Spuren von braunrother Farbe. — Abgebildet: LASINIO R. tav. CVIII, N.

Ueber das Haupt ist ringsherum ein dicker Zopf gelegt, dessen beide Enden sich hinten kreuzen und auf beiden Seiten im Nacken noch einmal zum Vorschein kommen, dort aber abgebrochen sind. Unter diesem Zopfe ist das Haupthaar hervorgezogen und rings um das Gesicht in 22 regelmässige Löckchen gelegt. Der Mund ist geschlossen. Lange Oberlippe. Die oberen Augenlider sind an den äusseren Seiten über die unteren Lider tief herabgezogen. Iris und Pupillen angegeben. Das Portraitartige des Gesichtes zeigt sich auch in den beiden vom Nasenbein ausgehenden Gesichtsmuskeln.

Dieselbe Haartracht findet sich bei einer Frau auf dem silbernen Kästchen der Projecta und des Secundus, abgebildet bei VISCONTI Opere varie I tav. 17,4 und AGINCOURT Histoire des beaux arts, sculpture zu p. 38.

72. Weiblicher Idealkopf.

H. 0,24. Gsl. 0,15. — Griech. Marmor. Ergänzt: Nase und Kinn. — Abgebildet: LASINIO R. tav. CXIV, Z.

Das gewellte Haar ist zurückgestrichen und im Nacken mit einem Bande zusammengebunden, welches noch zwei Mal um den Kopf gelegt ist. Der Mund ist leise geöffnet. Ernster Ausdruck. Der Typus ist durchaus griechisch und steht dem der Niobidenköpfe nicht allzu fern.

73. Halbrunde Aschenurne.

H. 0,23. B. 0,27. — Ital. Marmor. — Deckel fehlt. — Abgebildet: LASINIO R. tav. IX.

Auf der Vorderseite r. und l. je ein Widderkopf, von deren Hörnern eine mit Bändern befestigte und umwundene Guirlande aus Blumen und Früchten herabhängt. Zwischen den Widderköpfen eine Tafel, und auf dieser die Inschrift:

DIS MA......

Unter der Tafel ein pickender Reiher (?) n. r., und unter der Guirlande r. und l. an beiden Ecken ein anderer Vogel, in sym-

metrischer Composition. Da mit Ausnahme der ersten Zeile in der Inschrift nichts zu fehlen scheint, so wird wol die Urne zu der Classe gehört haben, welche auf Vorrath gearbeitet wurden.
Ueber Köpfe mit Widderhörnern vgl. zu No. 68.

74. Viereckige Aschenurne.

H. 0,35. B. 0,31. T. 0,32. — Ital. Marmor. — Deckel fehlt. Im Innern der Urne ein vorstehender Rand, über welchen der Deckel übergriff. — Abgebildet: LASINIO R. tav. XXXVI: »donato dal Sig. Vincenzio Cosi del Voglia, Nobile Pisano«. Erwähnt: MORRONA P. i. II p. 348. Die Inschrift bei GORI Inscr. ant. I p. 41, 46.

An den unteren Ecken der Vorderseite je ein Adler, auf deren Flügeln je ein nackter geflügelter Erot steht. Ihr lockiges Haar ist vorn über der Stirn in einen Knoten aufgebunden. Sie tragen über der einen Schulter die aus Blumen und Früchten gewundene Guirlande, welche im Bogen herabhängt. Mit den Händen der äusseren Arme halten sie das Band der Guirlande (auf den Nebenseiten) fest. Zwischen ihnen befindet sich eine Tafel und auf dieser die Inschrift:

```
        D · M ·
   AVFIDIAE VICTORIAE
    CONIVGI BENE MER
         FECIT
       P · VETVRIVS
        MARTIALIS
       CVM·QVA·VIX·
        ANNIS XXV
     MENSIB· X· DIEB· XV
        HORIS·VII
         S ·  Q ·  V
```

Unter der Tafel steht auf der Guirlande ein Vogel n. l., welcher einen Schmetterling im Schnabel gefangen hält, und unter der Guirlande eine Eidechse n. r., an einer Frucht der Guirlande beissend. Auf beiden Nebenseiten ein Lorbeerbaum mit Früchten.

75. Lachender Satyrkopf.

H. 0,26. Gsl. 0,17. — Ital. Marmor. Ergänzt: Nase, Theile der Stirn über den Augen, Lippen, r. Backe und Unbedeutendes. — Abgebildet: LASINIO R. tav. CVI, 184.

Der Kopf ist n. l. gewendet. Spitze Ohren. Der schief zum Lachen verzogene Mund ist etwas geöffnet und lässt die obere Zahnreihe sehen. Zwischen dem vorn sich emporsträubenden Haare zwei Weintrauben. Durch das Haar geht ein Band.

Sehr ähnlich ein Satyrkopf im Museo Chiaramonti, Abtheilung XV No. 380.

76. Viereckige Aschenurne.

H. 0,24. B. 0,32. T. 0,29. — Ital. Marmor. — Deckel fehlt. Sehr beschädigt. Abgebildet: LASINIO R. tav. XVI, 179: »trovavasi nel soppresso monastero di S. Lorenzo di Pisa destinata a servire di piletta da acqua santa«. — Erwähnt: MORRONA P. i. II p. 347.

Auf der Vorderseite stehen r. und l. an beiden Ecken zwei nackte, geflügelte Eroten, mit beiden Händen ein Füllhorn haltend, aus welchem Blumen und Früchte hervorsehen. Zwischen ihnen eine Tafel mit der Inschrift:

```
       D · M ·
     ANTONIAE
    RESTITVTAE
    VIXIT ANN....
       XXXVI
```

Eine Guirlande aus Eicheln und Eichblättern mit flatternden Enden ist mittelst einer Schleife an zwei zu beiden Seiten der Inschrifttafel befindliche Nägel aufgehängt und hängt im Bogen herab. In der Mitte der Guirlande eine Bandschleife. Darüber zwei sich schnäbelnde Vögel. Auf beiden Nebenseiten der Urne je ein runder, genabelter Schild, unter welchem an den vier Ecken der Nebenseite je eine Pfeilspitze hervorsieht.

Eine Antonia Restituta bei MURATORI Thes. p. DCCCLXXXI, 4 und eine andere gleiches Namens bei GRUTER p. DCXCVIII, 7.

77. Sarkophag mit Koraraub.

H. 0,65. B. 2,14. T. 0,62. — Griech. Marmor. — Das Relief ist in Folge von Verwitterung und anhaftender Tünche sehr beschädigt. Auch vielfach bestossen. Der steinerne Deckel ist modern. Auf den beiden Schmalseiten je zwei mit Kalk verputzte Löcher für die Klammern zur Befestigung des Deckels. — Abgebildet: Lasinio R. tav. CXXIX und CXXX. Besprochen: Morrona P. i. II p. 348, der noch ungewiss darüber war, ob das Relief darstelle: »il ratto delle donne Ateniesi che fecero i Pelasgi, Tirreni di Lemno o qualche altro fatto de' Trojani che costumavano di rapirsi le mogli l'uno con l'altro come ci racconta Omero«.

Das Relief der Schmalseiten flacher als das der Vorderseite; hierüber vgl. zu No. 12.

Vorderseite. Die Darstellung des Mythos gliedert sich in drei ohne räumliche Unterbrechung neben einander gebildete Gruppen, von denen zeitlich die mittlere den beiden andern vorausgeht. 1) In der Mitte der Vorderseite Kora (e. f.) auf dem l. Beine kniecnd, im Kreise ihrer Gespielinnen Blumen pflückend, worauf wol der l. neben ihr liegende Blumenkorb hindeutet. Bekleidet ist sie mit dem dorischen, langen Chiton mit gegürtetem Ueberschlag; die Chlamys flattert im Bogen hinter ihrem Rücken. Den Kopf wendet sie erschrocken n. r. Auch die Arme sind wie abwehrend n. r. ausgestreckt, wo der bärtige, langgelockte (?) Pluton (n. l.) aus dem Hintergrunde an sie herangetreten ist, mit der R. ihren Rücken berührend. Die auf seiner Schulter aufliegende Chlamys ist in der Gegend der Hüfte nach vorn genommen und wird mit dem r. Arm am Körper festgehalten. Eine vor ihm am Boden liegende Vase (oder Körbchen?) mit Blumen scheint er eben mit dem Fusse umgestossen zu haben. L. von Kora eine Jungfrau in gleicher Stellung und Gewandung, die mit beiden Händen die hinter ihr im Bogen flatternde Chlamys fest hält. L. neben ihr ein Blumenkorb. Zwischen ihr und Kora wird der Oberkörper einer bekleideten Jungfrau (n. r.) sichtbar und neben dieser ganz im Hintergrunde der Torso einer sitzenden, bekleideten Figur (n. r.), die, wie es scheint, mit der R. in die Zweige eines Baumes fasst, vermuthlich eine Nymphe, als Personification des Locals. Ueber Pluton bemerkt man im Hintergrunde noch r. und l. zwei bekleidete Gestalten. Die l. hält in der L. einen Stab (oder Lanze?) und streckt die R. gegen Pluton vor, wie um ihn zurückzuhalten, während die r. von der entgegengesetzten Seite herankommt und ihre l. Hand erhebt. Es ist nicht klar, ob sie mit dieser Bewegung die Jungfrau l. von ihr zurückdrängen, oder nur ihr Erstaunen ausdrücken will. An diese Scene schliesst sich r.

2) die eigentliche Entführung. Pluton (n. r.), auf einer Quadriga stehend, trägt auf dem r. Arm die sich sträubende Kora, indem er sich mit der L. die Chlamys am Körper fest hält. Kora streckt den l. Arm Hilfe flehend aus. Ueber dem Wagenrande sieht man den Rest eines nackten, n. r. schwebenden Eroten, sowie über den Pferden die Spuren eines Flügels und, wie es scheint, einer Fackel. Hier flog also wol Hymenaios, wie auf dem Sarkophagrelief bei MÜLLER-WIESELER No. 108. Unter den Rossen liegt n. l., auf den l. Arm sich stützend, der bärtige Okeanos; seine Beine sind mit einem Gewande bedeckt. Ueber ihm, aber unter den Pferden, der Rest eines geflügelten Eroten, der den l. Arm erhoben hat. Den Pferden voran schreitet, ganz an der Ecke, Hermes (n. r.). Die Chlamys ist auf seiner r. Schulter befestigt. Das Kerykeion, das er in der L. hält, kommt erst auf der l. Schmalseite zum Vorschein. L. von Kora eilt dem Wagen eine Jungfrau (n. r.) nach, im langen Chiton mit gegürtetem Ueberschlag und einer flatternden Chlamys. Arm und Kopf abgebrochen. An der l. neben ihr hervorragenden Lanzenspitze und nach Analogie von anderen Bildwerken (vgl. MÜLLER-WIESELER, 103 und 108) darf man jedoch in der Figur Athene erkennen, welche dem Pluton seine Beute entreissen will. — An der l. Ecke der Vorderseite befindet sich

3) Demeter, im langen Chiton mit gegürtetem Ueberschlag und einer hinter ihr im Bogen flatternden Chlamys, bekränzt (?), auf einer Quadriga stehend. In der R. scheint sie einen Stab gehalten zu haben. Ueber den Pferden der Rest einer weiblichen, schwebenden (n. r.) Figur im langen Chiton mit gegürtetem Ueberschlag und einer flatternden Chlamys. Der Chiton ist von der l. Schulter herabgesunken. Das Haar ist am Hinterkopfe mit einer Bandschleife zusammengebunden. Sie wendet den Kopf n. l. zur Demeter zurück, in der R. hält sie hoch erhoben die flatternde Chlamys und in der L. wol einen Stab zum Antreiben der Pferde. Wahrscheinlich stellt sie die Iris vor, wie auch WELCKER Zeitschr. f. Gesch. u. K. p. 82 f. vermuthet, und nicht die »Aura«, wie WIESELER Denkm. I p. 44 meint, für welche ein Stab zum Antreiben der Pferde weniger passend erscheint. Ueber den Pferden scheint r. von der Iris das Relief weggebrochen zu sein, und eine mittelalterliche Inschrift ist an dessen Stelle getreten. Unter den Rossen der Demeter liegt die mit einem Gewande bekleidete Gaia, in der R. Aehren (?) haltend. Hinter ihrem l. Arm kommt noch ein sehr zerstörter,

unkenntlicher Körper zum Vorschein, an welchem man jedoch mit ziemlicher Deutlichkeit zwei Flügel wahrnimmt. Vielleicht der Torso eines geflügelten Eroten, wie sich ein solcher auch auf einem Vaticanischen Sarkophage (Mus. Pio-Clem. IV, 55) unter den Rossen des Pluton findet.

R. Schmalseite. Eine Jungfrau im langen Chiton mit gegürtetem Ueberschlag und einer schleierartig wehenden Chlamys ist auf ihr l. Knie niedergesunken und stützt sich mit der R. auf ein l. neben ihr stehendes Gefäss mit Blumen.

L. Schmalseite. L. sitzt auf einem Sessel mit hoher Lehne in langem Chiton und Chlamys der bärtige Pluton (n. r.). Seine Füsse ruhen auf einem Schemel. In der L. hält er ein Scepter, die R. erhebt er im Gespräch mit der r. vor ihm stehenden Persephone, welche mit langem Chiton und einer schleierartig über den Kopf gezogenen Chlamys bekleidet ist.

Ueber die Beziehungen zwischen Neben- und Hauptseiten vgl. WELCKER a. a. O. p. 88 ff.

78. Römischer Portraitkopf.

H 0,31. Gsl. 0,17. — Ital. Marmor. — Ergänzt: Kinn, Nase, Augenbrauen und Backenknochen. — Abgebildet: LASINIO R. tav. CXIX, 131.

Der Mund ist fest geschlossen. Der Kopf wird sowol Caesar als Cicero benannt. Ein Cicero ist es auf keinen Fall.

79. Hadriansbüste.

Ungünstige Aufstellung. Ueber Lebensgrösse. — Ital. Marmor. Sehr gut erhalten. — Abgebildet: LASINIO R. tav. XCV, 180.

Der Kopf ist n. l. gewendet. Das kurze, krause, nach vorn gekämmte Haupthaar, der kurzgelockte Bart sowie die Formen des Gesichtes lassen keinen Zweifel an der Richtigkeit der Benennung aufkommen. Die Büste ist bekleidet mit dem Brustharnisch und einem auf der r. Schulter mit Spange befestigten Paludamentum.

80. Kopf des M. Agrippa.

H. 0,31. Gsl. 0,19. — Schwarzer Basalt. — Ergänzt: Nase, abgebrochen: Ohren. Die ganze Epidermis hat sehr gelitten. — Abgebildet: LASINIO R. tav. CXIX, 136.

Der Kopf weicht in nichts wesentlichem von dem bekannten Typus ab. Der Ausdruck ist ungemein wahr und lebendig.

Vgl. besonders die Büste des M. Agrippa in der Villa Borghese (VISCONTI Monum. scelti Borghes. II tav. XXIII).

81. Kindersarkophag. Circusspiele von Eroten.

H. 0, 34. B. 1,11. T. 0,41. — Griech. Marmor. Als Deckel eine Schieferplatte. — Abgebildet: LASINIO R. tav. LXXVIII. — Erwähnt: MORRONA P. i. II p. 346. Angeführt von K. ZANGEMEISTER Annali d. I. 1870 p. 236. Der Sarkophag (od. No. 86) befand sich früher: »nell' orto della Prioria di S. Frediano e servì all' uso di vasco per i Barnabiti«.

Das Relief der Schmalseiten ist flacher als das der Vorderseite. Hierüber vgl. zu No. 12.

Vorderseite. Im Hintergrunde sieht man l. auf einem von zwei Säulen getragenen Querbalken die bekannten eiförmigen Scheiben; hier sechs an Zahl. Also war der erste »missus« schon vorbei; vgl. FRIEDLÄNDER bei BECKER-MARQUARDT IV p. 507 f. — An der r. Ecke zwei runde Kegelsäulen der Meta. Diese Gegenstände sind auf der Spina befindlich zu denken. Die vier »bigae«, welche am Wettfahren theilnehmen, fahren eine hinter der anderen in vollem Laufe von l. n. r. Hinter jeder biga ein geflügelter Erot zu Pferde als »desultor«. Je zwei Pferde gehen an einem Joche; die Zügel bilden, wie gewöhnlich eine Schlinge, die sich der lenkende Erot um den Leib gelegt hat. Der Lenker der ersten biga r., der sich der Meta am nächsten befindet, schaut n. l. zurück und schwingt die Geissel. Unter den Pferden liegt ein geflügelter Erot am Boden. Ueber die Bedeutung dieser Figuren (Springer oder Gaukler?) vgl. VISCONTI Pio-Clem. V zu tav. 138—13 und FRIEDLÄNDER a. a. O. p. 506 Anm. — Der Desultor der Biga wendet den Oberkörper zurück und erhebt den r. Arm. Der Lenker der zweiten Biga hält die Pferde straff am Zügel. Er, sowie sein Desultor schauen sich um nach dem Lenker der dritten Biga, der eben über den Rand seines Wagens stürzt. Sein l. Pferd liegt bereits am Boden und auch das r. droht zu stürzen. Durch diesen Unfall hat der Desultor (r. Arm abgebrochen) einen kleinen Vorsprung erreicht. Er scheint deshalb anhalten zu wollen und beugt sich mitleidig zurück nach dem stürzenden Lenker. Verursacht ist das Unglück durch die vierte Biga, welche die dritte eingeholt hat und nun von hinten gegen sie anrennt. Der Lenker (r. Unterarm abgebrochen) schwang die Geissel. Sein Desultor blickt wohlgefällig auf den Erfolg der vierten Biga zurück. Unter ihren Pferden liegt ein geflügelter Erot auf dem Boden (s. oben). Unter der zweiten Biga eine hingestürzte Amphora, wahrscheinlich mit Bezug darauf, dass »spartores« während der Spiele Wasser auf die Pferde spritzten.

Auf beiden Schmalseiten je ein nach der Vorderseite zu auf einem Rosse dahingaloppirender, geflügelter Erot.

Ueber Circusspiele auf Sarkophagen vgl. K. ZANGEMEISTER Ann. d. I. 1870 p. 232 ff., zu No. 86.

82. Fragment einer linken Hand.

H. 0,19 (?). Umfang des Handgelenkes 0,17. — Ital. Marmor. — Ergänzt: Daumen. Abgebrochen: vom 5., 4. und 3. Finger die 3 ersten Glieder, vom 2. ein halbes. — Abgebildet: LASINIO R. tav. CVIII, P.

Die Hand hielt einen unkenntlichen, rauhen Gegenstand.

83. Hand mit Unterarm.

H. 0,21. Umfang des Handgelenkes 0,14. — Marmor. — Abgebildet: LASINIO R. tav. CVIII, O.

Daumen und Zeigefinger hielten einen Gegenstand. Die zierlichen Finger, deren Spitzen sich ein wenig nach aussen biegen, gehörten offenbar zu einer weiblichen Statue.

84. Aphroditekopf.

Ungünstige Aufstellung. — Griech. (?) Marmor. — Ergänzt: Nase, Lippen, Kinn und Ränder der Ohren. Die Spitzen der Haarlocken meist abgebrochen. — Abgebildet: LASINIO R. tav. CVI, 56.

Der Kopf wendet sich n. r. in die Höhe. Der Mund ist leise geöffnet. Das reiche, gewellte Haar, von einem Bande durchzogen, ist in der Mitte gescheitelt, dann auf beiden Seiten zurückgeschlagen und mitten auf dem Kopfe in einen kunstreichen Wulst (κρωβύλος) zusammengeflochten. Vor den Ohren sind zwei Löckchen ins Gesicht gestrichen.

In der Haarbehandlung gleicht der Kopf ganz einem Artemiskopfe des Britischen Museums, abgebildet Vol. X pl. VI und VII; (vgl. CLARAC Mus. p. 1575, 1232). Allein der κρωβύλος findet sich auch bei der Aphrodite (O. MÜLLER Handb. § 375,4), welcher die volleren Formen des Kopfes weit besser entsprechen. Besonders schön sind die der Aphrodite eigenen mandelförmigen Augen.

III. Südcorridor. 71

85. Römisches Mosaikfragment.

L. 3,36. B. 1,05. — Gefunden im October 1860: »presso i fondamenti della cattedrale dal lato di tramontana«. — Es ist aus schwarz und weissen, nicht allzu feinen Steinchen zusammengesetzt.

Zwischen zwei horizontalen Streifen ein auf und absteigendes Pflanzenornament mit Blumen und Früchten. Dazwischen verschiedene Vögel (Schwalbe? Reiher). Hieran schliesst sich r. ein Querstreifen, aus regelmässigen nebeneinanderliegenden Sechsecken gebildet.

86. Kindersarkophag. Circusspiele von Eroten.

H. 0,27. B. 0,92. — Marmor. — Die Rückwand ist nicht mehr erhalten. Als Deckel eine Schieferplatte. — Abgebildet: LASINIO R. tav. LXX: »— remossa dal soppresso monastero delle R. R. M. M. di S. Giovanni.« Aufgeführt in dem Verzeichniss bei ZANGEMEISTER Annali d. I. 1870 p. 236. — Vgl. No. 81.

Im Hintergrunde die Spina mit den darauf errichteten Gebäuden, und zwar erstens an der l. Ecke zwei Kegelsäulen der Meta mit Gurten, dann r. das Fragment eines senkrecht stehenden Pfeilers, weiter r. über einem (von Säulen getragenen?) Querbalken sechs mit den Köpfen nach unten gerichtete Delphine, welche im römischen Circus Wasser auf die staubige Arena spieen. Vgl. TEXIER Revue arch. 1845 p. 142 ff. und FRIEDLÄNDER bei BECKER-MARQUARDT IV p. 502. Endlich r. auf zwei Säulen abermals ein Querbalken und auf diesem sieben aufgerichtete »Eier«, um die stattgehabten »missus« zu controliren. Da sieben missus die gewöhnliche Zahl war (vgl. FRIEDLÄNDER a. a. O. p. 506) so wird man annehmen, dass auf unserem Sarkophage die Spiele erst beginnen. Im Ganzen nehmen an dem Wettrennen vier von l. n. r. fahrende Bigen Theil, auf denen je ein geflügelter Erot als Lenker steht. In der Biga zur Seite reitet im Hintergrunde ein geflügelter Erot als »desultor«. Die Pferde der Bigen gehen an einem Joche; die Zügel haben sich die Eroten mit einer Schlinge um den Leib gelegt. Der Lenker der ersten Biga wendet sich n. l. zurück und holt weit mit der Geissel aus, die er in der R. hält. Sein Desultor, den Kopf n. l. wendend, erhebt ermunternd den r. Arm. Unter den Pferden eine Amphora und ein ungeflügelter Erot n. l., auf der Erde liegend. Das l. Pferd der zweiten ist bereits zu Boden gestürzt, das r. im Begriff zu fallen. Der Lenker beugt den Oberkörper zurück und sieht nach der dritten

Biga. Sein Desultor blickt ebenfalls zurück und erhebt den r. Arm (abgebrochen). Der Arm des Lenkers der dritten Biga ist abgebrochen. Sein Desultor schaut zurück und scheint seinem Pferde auf den Nacken zu klopfen. Unter den Pferden liegt eine Amphora. Der Lenker der vierten Biga holt weit mit der Peitsche (abgebrochen) aus, die er in der R. schwang. Sein Desultor wendet den Kopf zurück und erhebt ermunternd den r. Arm. Unter den Pferden ein geflügelter Erot am Boden. Ueber diese Figuren sowie die unter den Pferden liegenden Amphoren vgl. zu No. 81. Auf den Schmalseiten je ein nach der Vorderseite zu kauernder Greif mit Beutel an der Brust.

87. Fragment einer Hand.

Länge des Mittelfingers 0,07. — Ital. (?) Marmor. Abgebildet: LASINIO R. tav. XCVI, H.

Das Fragment ist eine rechte Hand, welche von aussen an einen r. Flügel fasst. LASINIO vermuthet, dass sie einer Leda angehörte; doch erklärt sich dann nicht die Stellung des Vogels zur Leda. Die Hand wird vielmehr einem Ganymed gehört haben, neben dem der Adler stand, und die Figur etwa nach Art der im Museo Chiaramonti befindlichen Ganymedstatuette zu ergänzen sein. Vgl. Galler. di Firenze IV, II, 102.

88. Sarkophag mit Blattornament.

H. 0,50. B. 2,13. T. 0,60. — Grobkörniger geschichteter Marmor. — An den Schmalseiten mit Kalk verputzte Löcher zur Befestigung der Deckelklammern. Als Deckel eine Steinplatte. — Abgebildet: LASINIO R. tav. LIII.

In der Mitte der Vorderseite ein mit Band zusammengeflochtener Kranz, halb aus Eichenlaub halb aus Lorbeer. Darin die mittelalterliche Inschrift:

SEPVLCRVM

NOBILIVM

DEPORCARI

Von dem Kranze aus zweigt sich nach r. und l. ein Blattornament ab, das auf jeder Seite zwei Rankenkreise bildet. Das Ganze ist eingerahmt auf allen vier Seiten durch einen fein mit

III. Südcorridor.

Blättern ornamentirten Leisten, über welchem sich dem oberen Rande entlang eine Perlenschnur hinzieht. Das leichte und schöne Ornament hat durchaus griechischen Charakter.

89. Fragment einer Hand.

H. 0,17. — Ital. Marmor. Abgebildet: LASINIO R. tav. CVIII, Q.

Von den Fingern ist nur der vierte ganz erhalten. Die Hand hielt ein Tuch.

90. Etruskische Aschenkiste.

H. 0,42. — Alabaster. — Abgebrochen: ein Theil der l. Schmal- und der r. Theil der Vorderseite. — Abgebildet: LASINIO R. tav. XXXIII, 85.

Unten ein breiter ornamentirter Streifen. R. in der Ecke ein viereckiger Altar, dessen vordere Seite bekränzt ist. Auf ihm zwei undeutliche Gegenstände. L. davor steht eine Frau, bekleidet mit Schuhen, langem Chiton mit gegürtetem Ueberschlag und einem Schleier. Ihre L. war ausgestreckt (abgebrochen) über den Altar. L. neben ihr schreitet ein Mann (e. f.), dessen Kopf abgebrochen ist, n. r. an den Altar heran. Bekleidet ist er mit Schuhen, kurzem, über den Armen zugenestelten Chiton und einer Chlamys, welche auf der l. Schulter aufliegt, in der Gegend der Hüfte n. vorn genommen und über den l. Arm geschlagen ist. In der L. hält er einen kleinen, kurzen gespannten Bogen gegen den auf dem Altar befindlichen Gegenstand gerichtet und ist im Begriff, mit der L. den Pfeil abzuschiessen. Die Deckelfigur der Aschenkiste ist eine auf einem Kissen ruhende (n. l.), in einen Mantel eingewickelte Figur.

91. Etruskische Aschenkiste. Alkestis und Admetos.

H. 0,37. — Alabaster. — Erhalten ist nur der r. Theil der Vorderseite. — Abgebildet: LASINIO R. tav. LVIII.

Die Tafel hat unten einen mit Perlenschnur und anderen Ornamenten verzierten Leisten, oben ein Zahngesims. Ganz erhalten sind nur drei Figuren, von der vierten l. nur der Oberkörper. Wie man aus der unter No. 99 angeführten Replik desselben Gegenstandes sieht, fehlt noch eine fünfte Person l. In der Mitte der Vorderseite eine mit Teppich behängte und mit Matratze und zwei Kopfkissen belegte Kline, auf welcher Alkestis (n. l.),

auf den l. Arm sich stützend, ruht. Sie trägt einen langen
Aermelchiton, der unter der Brust durch einen verzierten Gürtel
zusammengehalten wird. Das Obergewand ist schleierartig über
den Kopf gezogen, in der Gegend der Hüfte n. vorn genommen
und über den l. Arm geschlagen. Die R. (Unterarm abgebrochen) war erhoben. Dieser Gestus gilt dem mit Stiefeln und
doppeltem Gewande bekleideten Admetos, welcher von l. an das
Sterbebett seiner Gattin, die sich für ihn opfern will, herantritt.
Er setzt den l. Fuss auf die vor dem Bette stehende verzierte,
auf Löwenfüssen ruhende Fussbank. R. von der Kline ein Mann,
bekleidet mit Stiefeln, langem Chiton und einer auf der l.
Schulter aufliegenden Chlamys, die in der Gegend der Hüfte n.
vorn genommen und über den l. Arm geschlagen ist. Die R.
scheint er an Alkestis' Rücken zu legen; in der L. hält er einen
Ring, an welchem ein kreisrunder und zwei länglich spitze
Gegenstände hängen. R. von ihm ein Mann, wol ein Diener
(e. f.), bekleidet mit Stiefeln, gegürtetem Chiton und einer
Chlamys. Diese liegt auf dem Kopfe auf, fällt n. vorn herunter
und wird mit der L. unter dem Gürtel zusammengehalten. Die
erhobene R. ist ganz unter der Chlamys verborgen.

Die Darstellung, die auf etruskischen Aschenkisten ungemein
häufig ist, hat man lange verkannt, bis zuerst GRAUER (Annali d. I.
1842 p. 44 ff. vgl. Monumenti d. I. III tav. XL) die richtige Erklärung gab. Er fehlte nur darin, dass er die Eckfiguren der Darstellung, von denen auf unserer Aschenkiste nur die r. erhalten ist, für
Erinnyen, den Mann r. neben Alkestis aber für einen Diener erklärte,
während man vielmehr in den Eckfiguren die ihre Bestürzung und
Klage ausdrückende Dienerschaft zu erkennen hat. Dagegen scheint
der auf allen Darstellungen fast typisch wiederkehrende Mann, schon
seines Attributes wegen, das auf der Pisaner Aschenkiste wie ein
Schlüsselbund aussieht, auf eine mythologische Benennung Anspruch
zu machen. Vielleicht ist er der Pförtner des Hades, welcher Alkestis
mit der R. berührt und dadurch gleichsam Besitz von seinem Opfer
ergreift. An seiner Stelle findet sich auf einer von CANINA Bullettino
d. I. 1847 p. 84 besprochenen Aschenkiste der an den Fersen geflügelte Charun. Vgl. No. 99 und No. 8.

92. Fragment einer etruskischen Aschenkiste.

H. 0,37. — Alabaster. — Erhalten ist nur der r. Theil der Vorder-
und ein Stück der r. Schmalseite. Auch sonst beschädigt. — Abgebildet: LASINIO R. tav. XXXIII, 81.

Oben ein ornamentirter Randleisten. Von l. nach r. schreiten
vier neben einander angeschirrte Pferde im langsamen Trabe. R.
von ihnen ein n. r. gehender Mann, bekleidet mit Stiefeln und

III. Südcorridor. 75

kurzem, gegürtetem Chiton, den Kopf zurückwendend und das
äussere (4.) Pferd beim Zügel haltend (?).

Das Relief gehörte wahrscheinlich zur Darstellung eines etruskischen Triumphzuges, wie solcher auf etruskischen Aschenkisten häufig vorkommt. Vgl. die zu No. 6 angeführten Beispiele.

93. Vorderseite eines römischen Sarkophages.

H. 0,40. B. 1,81. — Ital. Marmor. — Abgebildet: LASINIO R. tav. LXXX. — Erwähnt: MORRONA P. i. II p. 349.

Der bildliche Schmuck der Platte vertheilt sich auf ein Mittel- und zwei Eckfelder. In der Mitte steht die geflügelte Victoria (n. r.). Das herabgesunkene Gewand bedeckt nur den Unterkörper. Das wellige Haar ist hinten in einen Knoten zusammengebunden und von einem Bande durchzogen. Die Victoria steht vor einem über zwei Stufen sich erhebenden, breiten Pfeiler, auf welchen sie einen runden grossen Schild gesetzt hat. In der R. hält sie einen Griffel, mit dem sie auf den Schild schreibt. Der r. Fuss berührt nur mit den Zehen den Boden. Unter dem Fusse befindet sich jedoch kein besonderer Gegenstand. Auf beiden Eckfeldern in symmetrischer Composition je ein nach aussen zu schreitender, geflügelter Erot, der den Kopf zurückwendet und mit beiden Händen eine Fackel hält. Ueber ihre Schultern hängt die Chlamys herab. — Ueber die Ableitung der auf den Schild schreibenden Victoria aus dem Typus der melischen Aphrodite vgl. J. BERNOULLI Aphrodite p. 168 ff.

94. Etruskische Aschenkiste.

H. 0,40. B. 0,24. T. 0,23. — Tuff. — Der stark verwitterte Deckel aus Alabaster ist wol nicht zugehörig. — Abgebildet: LASINIO R. tav. XXXII.

Die Kiste hat oben und unten einen glatten Randleisten. In der Mitte der Vorderseite sitzt auf einer felsartigen Erhöhung eine geflügelte Jungfrau (n. l.), den Kopf n. r. wendend, bekleidet mit einem kurzen, gegürteten Chiton mit Aermeln (oder trägt die Figur Armringe?) und verbrämten Stiefeln. Ueber den Chiton scheint eine eng anliegende Jacke gezogen zu sein. In den Händen hält sie einen Speer (oder Fackel?). Auf ihrem Haar nimmt man einen Gegenstand wie eine Stephane oder einen Modios wahr. R. und l. neben ihr je ein n. aussen eilender Krieger in symmetrischer Stellung, bekleidet mit einer flatternden Chlamys, welche bei dem l. auf der Brust, bei dem r. auf der r. Schulter mit einer Spange zusammengehalten wird. Auf dem Kopfe ein Helm mit langem Busche. Beide Krieger legen die Hände an einen grossen, runden, genabelten Schild, der auf dem Boden steht, als wollten sie ihn fortrollen, eine auf etruskischen Aschenkisten häufige Darstellung.

Die Deckelfigur ist eine auf zwei Kopfkissen ruhende und auf den l. Arm sich stützende Frau (n. l.) im langen Chiton mit kurzen Aermeln. Die Chlamys ist schleierartig über den Kopf gezogen. In der L. hält sie eine Patera. Am kleinen Finger der L. ein Siegelring. In der R. hält sie ein Rhyton, dessen Spitze in ein springendes Pferd ausläuft. Die Schmalseiten sind glatt. Auf dem vorderen Rande des Deckels findet sich folgende Inschrift:

d. i. R. Spisna (Ropisna?) Vetiu Epii (?).

95. Heraklesstatuette.

H. 0,55 (von der Hüfte bis zum Boden). — Bläulich geädeter ital. Marmor (?). — Ueber den Knieen ist die Statue durchgebrochen, der untere Theil ergänzt. Abgebildet: LASINIO R. tav. CXXVI: »la tradizione ascrive l'origine di questo Ercole da Cartagine, acquistato dagli antichi Pisani nelle loro scorrerie fatte in Affrica«. — Besprochen: MORRONA P. i. II p. 259, der das Werk selbst »nel magazzino dell' Opera« (del Duomo?) entdeckte. — MORRONA hält das Material für »lividum Numidicum«.

Die Figur (r. Stützbein) steht auf einer runden Basis. Von der l. Schulter hängt die Löwenhaut bis zur Erde hinab. Die L. hält die Keule. Der r. Arm steht rechtwinklig vom Körper ab. In der r. Hand hält Herakles ein Löwenjunges, während eine am Boden sitzende Löwenmutter mit zwei andern Jungen zu ihm aufblickt. Der Kopf ist etwas n. r. und vornüber geneigt. Die Haare sind kurz und kraus, nicht symmetrisch steif, aber von sehr roher Arbeit. Ueberall sind die Bohrlöcher (auch in den Schamhaaren) stehen geblieben. Finger, Arme und Unterschenkel sind ganz abgemagert, die Gluteen treten übermässig hervor. Die Hüften sehr schmal, die untersten Brustrippen stark hervorragend. Sehr ungeschickt ist der Körper der Löwin durch das herabhängende Fell abgeschnitten. Die anatomische Behandlung des Körpers ist ganz übertrieben und von sehr widerlicher Wirkung.

III. Südcorridor. 77

96. Köpfchen einer Bakchantin.

H. 0,15. Gsl. 0,07. — Griech. Marmor. Abgebildet: Lasinio R. tav. CXIV, T.

Ueber die Stirn zieht sich ein Band. Auf dem Haare liegen Epheublätter und Blüthen.

97. Halbrunde Aschenkiste.

H. 0,17. B. 0,28. — Ital. Marmor. — Obere und untere Ecke der Vorderseite etwas zerstört. — Abgebildet: Lasinio R. tav. LIX.

An beiden oberen Ecken der Vorderseite ein Widderkopf. Von den inneren Hörnern derselben hängt im Bogen eine aus Lorbeerblättern und Früchten bestehende Guirlande mit flatternden Bändern herab, von den äusseren je ein flatterndes Band. An den unteren Ecken der Vorderseite je eine Maske mit steifen, langen Locken. Zwischen den Widderköpfen eine Tafel mit profilirtem Rande und der Inschrift:

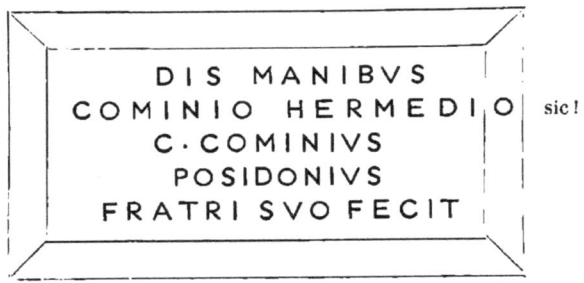

DIS MANIBVS
COMINIO HERMEDIO sic!
C·COMINVS
POSIDONVS
FRATRI SVO FECIT

Unter der Tafel stehen auf der Guirlande gegen einander gekehrt zwei Vögel mit krummen Schnäbeln, von denen der l. nach einer Beere in der Guirlande pickt. Unter der Guirlande neben den Masken zwei andere Vögel, die Schnäbel an die Locken der Masken legend. Im Innern der Aschenurne ein vorstehender Rand, über welchen der Deckel übergriff.

98. Sarkophag mit Meergottheiten.

H. 0,48. B. 2,08. T. 0,59. — Griech. Marmor. — Der steinerne Deckel, ein giebelförmiges Dach, nicht zugehörig. — Das Relief mehrfach beschädigt. In den Schmalseiten Löcher für die Klammern, die Sarkophag und Deckel zusammenhielten. — Abgebildet: Lasinio R. tav. LXIV, welcher noch den Raub der Europa dargestellt glaubte, ebenso Morrona P. i. II p. 248.

Das Relief der Schmalseiten ist flacher, als das der Vorderseite. Vgl. hierüber zu No. 12.

Vorderseite. Dem ganzen unteren Rande entlang sind die Wellen des Meeres angedeutet, aus denen an fünf Stellen die Köpfe von Delphinen auftauchen. Die Darstellung der Vorderseite zerfällt in sechs Gruppen, welche sich nur im allgemeinen symmetrisch entsprechen. In der Mitte der Kopf eines Eroten, auch Spuren von seinen Flügeln noch vorhanden. L. davon sitzt auf einem Seestier (n. r.) eine Nereide n. l. Mit den Armen hält sie sich am Nacken des Stieres fest. Ein Gewand fliegt im Bogen hinter ihr und ist mit den Enden nach vorn über ihre Arme geworfen. Das gewellte Haar ist hinten in einen Knoten zusammengebunden. Die Nereide blickt n. l. auf einen aus dem Wasser auftauchenden, bärtigen Tritonen, zu welchem v. r. ein Erot (Arme abgebrochen) heranfliegt. Vor dem Seestier schwimmt ein aufgezäumtes Seepferdchen, dessen Fischschwanz der Triton mit der r. Hand (Arm abgebrochen) festhält, während er den l. Arm nach der Nereide ausstreckt. L. davon ein unbärtiger Triton mit lockigem Haar (n. r.), welcher mit der L. (abgebrochen) einen hinter ihm schwimmenden Seehirsch am Zügel hält, während er sich nach der auf seinem Rücken sitzenden Nereide umsieht, deren Rücken er zugleich mit der R. umschlingt. Die Nereide trägt eine im Bogen hinter ihr flatternde Chlamys, deren Enden über ihre Arme (zum Theil abgebrochen) geworfen ist. Ihr gewelltes Haar ist hinten in einen Knoten gebunden, von welchem r. und l. zwei Locken auf die Schultern herabhängen. Mit der r. Hand stützt sie sich auf den Fischschwanz des Tritonen auf. Sie blickt n. l., wo ein Erot (Beine und Arme abgebrochen) auf sie zufliegt. Unter ihm ein Seepferd (n. l.), den Kopf zurückwendend. R. von dem in der Mitte der Vorderseite erhaltenen Erotenkopfe schwebt auf einem aufgezäumten Seepferde (n. r.) eine Nereide; Chlamys und Haartracht wie bei der zuletzt beschriebenen. Mit der L. scheint sie sich am Halse des Thieres festzuhalten. Vor ihr taucht neben dem Pferde ein Seetiger auf. Von r. fliegt ihr ein Erot entgegen. Darauf folgt r. ein bärtiger Triton (n. l.), welcher mit seiner über den Kopf erhobenen R. vermuthlich den r. hinter ihm schwimmenden Seehirsch am Zügel hielt, während er mit der L. den Zügel eines vor ihm schwimmenden Seetigers fasst. Weiter r. ein jugendlicher Triton (n. l.), in der L. einen Stab tragend.

Er blickt sich nach einer Nereide um, die (n. l. auf seinem Rücken sitzt. Chlamys und Haartracht wie bei den anderen Nereiden. Die Nereide wendet den Kopf zurück, wo ein Erot v. r. an sie heranfliegt. Unter demselben ein Seetiger mit aufgesperrtem Rachen.

R. Schmalseite. Auf einem Seepferde (n. l.) steht ein Erot, die Zügel mit beiden Händen haltend.

L. Schmalseite. Ein Seethier (Seetiger?) schwimmt (n. r.) über Wellen, die nur angelegt sind.

Ueber Eroten auf Seepferden vgl. L. STEPHANI Compte-rendu 1864 p. 28 f. Ueber die Darstellung von Meergottheiten auf Sarkophagen vgl. PETERSEN Annali d. I. 1860 p. 396 ff.

99. Etruskische Aschenkiste. Admetos und Alkestis.

H. 0,82. B. 0,52. — Alabaster. — Der Deckel, wol nicht zugehörig, aus Tuff. — Aus der Aschenkiste ist in der Mitte ein Stück herausgebrochen und dann die Theile zu nahe aneinandergesetzt. L. untere Ecke abgestossen, auch sonst beschädigt. — Abgebildet: LASINIO R. tav. CXLIX, 4.

Die Darstellung entspricht genau der auf No. 91 beschriebenen. Oben ist das Zahngesims nur zum Theil erhalten, dafür aber l. die auf No. 91 fehlende fünfte Person vorhanden. Es ist eine Frau im langen, dorischen Chiton mit einem über den Kopf gezogenen Obergewande. In der erhobenen R. hält sie einen undeutlichen Gegenstand. Die L. hängt herab (Hand abgebrochen) und scheint die Chlamys vorn zusammengehalten zu haben. Die übrigen Personen wie auf No. 91, nur undeutlicher. Der Mann (Admetos), dessen Oberkörper dort fehlt, hat das Obergewand über den Kopf gezogen.

Als Deckelfigur eine auf zwei Kissen ruhende Frau (n. l.) im gegürteten, langen Chiton mit kurzen Aermeln. Die Chlamys ist über den Kopf gezogen. In der L. hält die Frau einen Fächer. Sehr zerstört.

100. Römischer Sarkophag. Gallierschlacht.

H. 0,69. B. 1,91. T. 0,58. — Griech. Marmor. — Als Deckel eine Schieferplatte. Der Sarkophag ist mehrmals gebrochen, das Relief sehr zerstört. — Abgebildet: LASINIO R. tav. CXXXVI.

An beiden Ecken der Vorderseite ist auf einem runden Holzpfeiler ein tropaeum errichtet, bestehend aus einem kurzen, gegürteten Chiton, Helme (?), länglich rundem Schilde und einer

Lanze. Am Boden vor dem r. tropaeum eine phrygische Mütze, l. ein unkenntlicher Gegenstand. R. davon ein Reiter (n. r.), r. Arm abgebrochen, mit einem v. r. auf ihn eindringenden, nackten Fusssoldaten (Gallier) im Kampfe. Der Reiter ist bewaffnet mit kurzer Tunica, Panzer und Helm. Der Gallier hat einen Strick um die Hüften gebunden und hält an der L. einen, vermuthlich sechseckigen Schild. In der R. schwang er wol eine Waffe. Zwischen beiden ist ein anderer nackter, behelmter Fusssoldat (vom Rücken gesehen) auf den Boden gesunken. Er scheint sich noch einmal gegen den Reiter aufraffen zu wollen; an seiner L. das Fragment eines genabelten Schildes. In der R. hält er ein kurzes Schwert. L. von ihm wird, mehr im Hintergrunde, das geneigte Haupt eines nackten Kriegers bemerkbar. Die neben ihm am Boden liegende phrygische Mütze scheint den Gallier zu verrathen. Ueber dem Kopfe des römischen Reiters erblickt man im Hintergrunde den Oberkörper eines anderen, mit Panzer und Helm (mit Backenlaschen) bewaffneten römischen Reiters (n. r.), der auf einer langen, mit beiden Händen gehaltenen Trompete bläst. R. von dieser Gruppe sind ein gallischer und ein römischer Reiter mit einander im Kampfe. Der erstere steht etwas höher (n. r.), trägt einen gegürteten Chiton und eine phrygische Mütze; (r. Arm abgebrochen). Er schwang wol eine Waffe gegen den tiefer stehenden Feind (n. l.). Seine Beine sowie die seines Pferdes abgebrochen. Bekleidet ist er mit einer Tunica, einem Panzer darüber, an welchem man noch die runden Platten ($\pi\tau\acute{\epsilon}\rho\upsilon\gamma\epsilon\varsigma$) am Unterleibe bemerkt, und einem auf der Brust befestigten flatternden Paludamentum. Vom Helme ist nichts mehr zu erkennen. In der R. schwingt er den Speer. L. von ihm ein unbestimmbares Fragment und eine der vorigen ähnliche Reitergruppe, nur dass hier der Römer oben, der Gallier unten steht. Der erstere (n. r.) trägt eine kurze Tunica, darüber einen Panzer mit $\pi\tau\acute{\epsilon}\rho\upsilon\gamma\epsilon\varsigma$ und Lederstreifen unter den Schulterriemen. Das flatternde Paludamentum ist über der l. Schulter geknüpft. Form des Helmes nicht mehr zu erkennen. R. Arm abgebrochen. Er führte wol einen Stoss gegen den von r. unter ihm herandringenden Gallier. Dieser trägt einen kurzen, gegürteten Chiton und darüber einen flatternden Mantel. An der L. hält er einen länglichen Schild (Fragment). In der R. schwingt er ein kurzes Schwert. Unter seinem Pferde der Rest einer auf dem Boden liegenden nackten, wol todten Jünglingsgestalt (n. l.), deren r. Arm n. r. neben dem Kopfe ausgestreckt ist. Ueber ihm im Hintergrunde das Fragment eines runden Schildes. Dann folgen n. r. zwei Gruppen von Kriegern, die sich kreuzweis bekämpfen. Zunächst über dem zuletzt beschriebenen gallischen Reiter ein Römer zu Pferd (n. r.). Er trägt eine Tunica, darüber Panzer (mit πτέρυγες) und einen Helm mit crista. In der erhobenen R. schwingt er eine Waffe gegen einen, ihm schräg gegenüber (zunächst dem tropaeum) stehenden, vom Rücken gesehenen, nackten Gallier, der die mit Riemen umwundene Faust gegen ihn erhebt, während die R. ein kurzes Schwert hält. Ob das, was er in der L. hält, das Ende der um's Handgelenk gewickelten Riemen ist, lässt sich nicht entscheiden. L. von ihm eine schöne Gruppe von zwei Galliern, von denen der eine die Leiche eines gefallenen nackten Kriegers aus dem Kampfgewühle zu retten sucht. Er trägt einen gegürteten, kurzen Chiton, eine mit Spange auf der r. Schulter befestigte Chlamys und einen spitzen Hut. Den Gefallenen, dessen r. Arm mit einem Riemen umwunden ist, hat er um den Leib gefasst. Zugleich erhebt er in der L. seinen Schild, um den Hieb zu pariren, den ein über ihm stehender römischer Soldat (n. l.) gegen ihn führt. Dieser ist bewaffnet mit Panzer und Helm. An der L. trägt er einen Schild. Die Waffe in seiner r. Hand ist nicht zu erkennen.

Die frische und an Abwechselung reiche Bildung der Kämpfergruppen lassen den Zustand des Reliefs sehr bedauern. Gallier und Römer sind meist bestimmt charakterisirt, indem diese stets mit Panzer, Helm und rundem Schilde gerüstet, jene aber entweder nackt sind und die Arme mit Riemen umbunden oder einen Strick um den Leib haben, oder auch einen gegürteten Chiton und meist länglichen, sechseckigen Schild tragen. Mit Ausnahme der zweiten Gruppe v. l., stehen die Gallier tiefer als die Römer. Die Schlacht ist also als zu dieser Gunsten sich entscheidend gedacht, und der Sieg noch ausserdem durch die beiden Trophäen mit Gallierwaffen symbolisirt.

101. Viereckige Aschenurne.

H. 0,23. B. 0,40. T. 0,26. — Marmor. Höhe des Deckels bis zur Giebelspitze 0,11. — Abgebildet: LASINIO R. tav. VII. Erwähnt: MORRONA P. i. II p. 251. Die Inschrift bei GORI Inscr. ant. III p. XXIX: »Pisis ad hoc tempus delituere in aedibus Nobilium a Scorno duo marmorea Cineraria«, zu denen auch die Pisaner Aschenurne gehört.

Die Ecken der Vorderseite von zwei kauernden Greifen gebildet, deren Unterkörper nach den Nebenseiten zu verdoppelt

ist. Ebenso befindet sich je ein Flügel auf den Nebenseiten.
Zwischen den Greifen eine Tafel mit der Inschrift:

    D·M·SCRIBONIAE HEDONE
    Q.TAMPIVS HERMEROS
    CONIVGI·KARISSIMAE·FEC.
    CONQVA·VIX·AN·XVIIII·SIN
5 QVERELLA·CVIVS DESIDERIO
    IVRATVS·SE·POSTEA
    VXORE·NON·HABITVRVS

Darunter halten zwei nackte, symmetrisch componirte, geflügelte Eroten ein Médaillon mit den Brustbildern des in der Inschrift genannten (?) Ehepaars. Der r. befindliche Mann legt die R. um den Hals der Frau. — Da, wo auf den Nebenseiten die Unterkörper der Greifen aufhören, je ein verticaler Streifen und in dem so entstandenen Felde je eine Palmette. Der Deckel ist eine Platte mit vier Eckakroterien und einem vorn giebelförmig aufsteigenden Rande. In diesem l. eine auf einem Polster mit Lehne ruhende Frau n. l. im doppelten Gewande und r. von ihr ein undeutlicher Gegenstand, auf der Abbildung bei LASINIO ein Eichhörnchen.

102. Viereckige Aschenurne.

H. 0,22. B. 0,33. T. 0,23. — Ital. Marmor. — Der Deckel fehlt. Das Relief sehr beschädigt. In der Vorderseite ein Loch, wahrscheinlich zum Durchstecken einer Röhre, und ein noch grösseres auf der r. Nebenseite unten. — Abgebildet: LASINIO R. tav. CXLIX, 13.

An beiden oberen Ecken der Vorderseite je ein Widderkopf, von deren Hörnern eine Lorbeerguirlande im Bogen herabhängt. Dazwischen eine Tafel mit den Spuren einer Inschrift:

    DIS MANIB
        N
    A M   A
patri, matri?] R I · F I [*lius, a?*

Unter der Tafel stehen sich auf der Guirlande zwei Vögel mit krummen Schnäbeln gegenüber, von denen der eine nach der Guirlande pickt. Ebenso an den unteren Ecken der Vorderseite, symmetrisch componirt, zwei Vögel, die nach der Guirlande picken.

Ueber die Bedeutung von Widderköpfen auf Grabdenkmälern vgl. zu No. 68. LASINIO hielt sie noch für »simboli dell' innocenza e dell' oblazione« und folgerte weiter daraus, dass »ivi fossero state riposte le ceneri di parvule« !.

103. Sarkophagvorderseite. Löwenjagd.

H. 0,83. B. 2,43. — Grauer Marmor. — Aus dem auch sonst vielfach bestossenen Relief sind zwei grössere Stücke weggebrochen. — Abgebildet: LASINIO R. tav. LXVI. Erwähnt MOßRONA P. i. II p. 251.

R. und l. stehen in symmetrischer Composition an beiden Ecken die Dioskuren im lockigen Haar, nach aussen schreitend, mit dem Parazonium, den Pileus auf dem Kopfe, und ein Ross am Zügel führend, das jedoch bei dem r. Dioskuren ganz weggebrochen ist. Ihre Chlamys ist auf der einen Schulter mit Spange befestigt. Zu Füssen des Dioskuren l. das Fragment eines Hundes. R. von ihm liegt ein bärtiger verwundeter Mann (n. r.) am Boden. Er hatte sich auf den r. (abgebrochenen) Arm gestützt. L. Unterarm und l. Bein gleichfalls abgebrochen. Bekleidet ist er mit Hosen, einem kurzen, gegürteten Chiton und einer auf der r. Schulter mit Spange befestigten Chlamys. Gegen ihn springt von r. eine wilde Löwin mit aufgesperrtem Rachen an. Unter ihr drei junge Löwen, von denen zwei mit einem runden Gegenstande, welchen der eine mit Maul und Vordertatzen festzuhalten sucht, beschäftigt sind. Ueber dem Verwundeten ein Reiter (n. r.), bekleidet mit Sandalen, Hosen, kurzem, gegürteten Chiton, flatternder auf der r. Schulter mit Spange befestigter Chlamys und einem verzierten, runden Helme mit Backenlaschen. Mit der L. (hinter dem Pferde verborgen) scheint er den Zügel zu halten. Die erhobene R. (Hand abgebrochen) richtete wol eine Waffe gegen die Löwin. R. neben ihm ein anderer Reiter (n. r.) in gleicher Kleidung wie der vorige, nach der Löwin sich umsehend. R. von ihm in der Mitte der Tafel der Verstorbene als Reiter (n. r.) wie die übrigen gekleidet, nur ohne Helm. Sein r. Arm abgebrochen. Er hat soeben dem gegen ihn anstürmenden Löwen eine Lanze in die Brust gestossen, so dass die Spitze r. neben der Vordertatze

wieder herauskommt. Unter seinem Pferde ein bärtiger Mann
(n. r.) auf das l. Knie gesunken. Er trägt Hosen, gegürteten
kurzen Chiton und eine auf der r. Schulter befestigte Chlamys.
Arme und l. Unterschenkel abgebrochen. In der L. scheint er
einen Schild gegen den Löwen zu halten. Unter letzterem der
Kopf eines n. l. rennenden Ebers bemerkbar, r. davon das
Fragment eines (n. l.) auf den Löwen springenden Hundes und
hinter diesem der Kopf eines (am Boden liegenden?) Hirsches
(n. r.). R. von der Hauptperson in der Mitte wiederholt sich,
soweit aus den Fragmenten zu schliessen ist, dieselbe Gruppe
von zwei Reitern, die auch auf der l. Seite dargestellt sind, dann
die Krone einer Pinie und ganz an der r. Ecke der Dioskur. —
Die Arbeit besonders der Gewänder ist steif und ohne Leben.
Ende des 3. Jahrhunderts.

104. Viereckige Aschenurne.

H. 0,23. B. 0,28. T. 0,28. — Marmor. — Das Relief sehr zerstört. —
Abgebildet: Lasinio R. tav. CXXXIX, 10. Die Inschrift bei Gruter
Thes. inscr. p. DXXIX, 2 und Gori Ant. inscr. II p. 28,13, welcher
dieselbe noch »apud templum Zenonis« sah. Deckel fehlt. An der
Hinterseite und unten ein Loch.

An den unteren Ecken der Vorderseite je ein Adler, an den
oberen je ein Widderkopf, von deren Hörnern eine aus Früchten
und Blumen gewundene Guirlande im Bogen herabhängt. Dazwischen auf liniirtem Grunde die Inschrift:

```
    M · AVR · IVSTIANVS
   MIL·COH·IIII·PR·7·FLORI
    PRIO·VIX·AN·XXXIII
    MIL·AN·XIII·SATVR
5   NINA·IOVINA
     COIVX·COIVGI
        B · M · F
```

Auf der Guirlande zwei Vögel, die aus einem zwischen ihnen
stehenden Gefässe nippen, und unter der Guirlande neben den
Adlern wieder zwei sich correspondirende Vögel, ihre Schnäbel
gegen die Flügel der Adler gerichtet.

105. Doppelbüste eines Mädchens und eines Jünglings.

H. 0,16. Gsl. des Mädchens 0,09, des Jünglings 0,09. — Ital. Marmor. — Abgebrochen: Nase des Jünglings. Ergänzt: die des Mädchens. — Abgebildet: LASINIO R. tav. XCVI, L.

Das Mädchen: Welliges, in der Mitte gescheiteltes Haar, welches zu beiden Seiten in zwei Locken herniederfällt. Mund geschlossen. Augensterne angegeben.

Der Jüngling: Lockiges Haar. Mund geschlossen. Augensterne angegeben. Lächelnder Gesichtsausdruck. Mund und Nase sind etwas breit.

106. Sarkophag mit Meergottheiten.

H. 0,65. B. 0,67. T. 0,87. — Griech. Marmor. — Durch anhaftende Tünche entstellt, auch mehrfach abgestossen. — Der steinerne Deckel ein giebelförmiges Dach mit einer mittelalterlichen Inschrift. — Abgebildet: LASINIO R. tav. CXXXI u. CXXXII. Erwähnt: MORRONA P. i. II p. 350.

Das Relief aller drei Seiten ist, was bei Sarkophagen selten ist — vgl. zu No. 12 — von gleicher Erhebung.

Vorderseite. Dem ganzen unteren Rande entlang die Wellen des Meeres angedeutet. Die Darstellung der Vorderseite zerfällt in vier symmetrisch mit einander correspondirende Gruppen. An der l. Ecke ein bärtiger Seekentaur (n. r.), in der L. die Lyra, in der R. das Plektron haltend. Er wendet den Kopf zurück und scheint im Gespräch mit der auf seinem Rücken sitzenden Nereide (n. l.). Ihre Haare sind hinten in einen Knoten zusammengebunden und von einem Bande durchzogen. Das Gewand, welches mit dem einen Ende ihren Unterkörper bedeckt, wird mit dem anderen Ende von der L. in die Höhe gehoben, flattert im Bogen über ihrem Kopfe und ist dann nochmals um den r. Arm (Hand abgebrochen) zurückgeschlagen. R. davon ein jugendlicher Seekentaur (n. r.), den Kopf zurück zu der auf seinem Rücken (rückwärts) sitzenden Nereide (n. l.) wendend. Seine aufgeblasenen Backen (Nase und Mund abgestossen) sowie die Haltung der Hände zeigen, dass er ursprünglich auf einer Doppelflöte blies. Die Nereide hat lockiges, hinten in einen Knoten zusammengebundenes Haar, durch welches eine Binde geht. Sie sitzt auf ihrem Gewande, hat dasselbe über den l. Schenkel geschlagen und über den l. Arm zurückgeworfen (r. Arm abgebrochen.) In der L. erhebt sie eine mit Früchten gefüllte Schale. Die R. stützt sie auf den Rücken des Seekentauren auf. L. davon wieder ein jugendlicher Seekentaur n. l.), in der R. einen mit Blumen gefüllten Korb erhebend, den er an die r. Schulter anlehnt. In der L. hält er ein Ruder. Er wendet den Kopf zurück zu einer auf seinem Rücken sitzenden, rückwärts gebildeten Nereide n. r.). Das Gewand, welches ihre Schenkel bedeckt, ist mit dem einen Ende über den l. Arm geworfen. Während sie die R. wie im Gespräch mit dem Kentauren erhebt, reicht sie diesem mit der L. eine mit Früchten gefüllte Schüssel. Um den Kopf ist ein Tuch (oder Haube?) gebunden. R. von der Gruppe ein jugendlicher Seekentaur (n. l.) mit Satyrkopf, auf einem Muschelhorne blasend. In der L. hält er das Fragment eines Ruders. Seinem Blasen scheint die auf seinem Rücken sitzende und mit der R. aufstützende Nereide (n. r.) zuzuhören. Das Gewand hat sie von r. n. l. über ihre Schenkel geschlagen und hinter dem r. Arm im Rücken emporgezogen, so dass es im Bogen hinter ihr flattert, das andere Ende mit der L. festhaltend. Das lockige Haar ist hinten in einen Knoten zusammengebunden und von einem Bande durchzogen. Sämmtliche vier Seekentauren haben da, wo der menschliche in den thierischen Leib übergeht Akanthusblätter als Flossen, von denen sich ein längeres Blatt abzweigt; das als Ruderflosse in die Wellen taucht.

R. Schmalseite. Dem unteren Rande entlang die Wellen des Meeres angedeutet. L. ein Triton in lockigem Haar (n. l.), in der L. das Fragment eines Dreizackes(?), in der R. ein Ruder haltend. Das obere Ende desselben wird ungeschickt von dem oberen Rande abgeschnitten. Auf seinem Rücken reitet eine Nereide (n. l.), das Gewand bedeckt ihren r. Schenkel und weht im Bogen hinter ihr empor. Die lockigen Haare sind hinten in einen Knoten zusammengebunden. Die L. stützt sich auf den Rücken des Tritonen auf. R. neben ihr reitet ein geflügelter Erot (n. l.) auf einem Delphin, und r. von diesem abermals ein lockiger Triton (n. l.), auf einer Doppelflöte blasend. Auf seinem Rücken sitzt eine Nereide (n. r.), den Kopf zurückwendend. Ihr lockiges Haar ist hinten in einen Knoten zusammengebunden. Das Gewand, welches ihren Unterkörper bedeckt, flattert hinter ihr im Bogen und wird mit der L. festgehalten, während sie die R. auf den Rücken des Triton aufstützt.

L. Schmalseite. L. ein lockiger Triton (n. r.), die Arme n. r. ausstreckend. Auf seinem Rücken sitzt eine Nereide (n. l.). Das ihren Unterkörper bedeckende Gewand ist im Rücken emporgezogen und weht im Bogen hinter ihr. Ihr welliges Haar ist hinten in einen Knoten zusammengebunden. Sie

III. Südcorridor. 87

stützt die L. auf den Rücken des Tritonen, der den Kopf zu ihr zurückwendet, und streckt die R. nach ihm aus. R. davon ein Triton (n. r.), den Kopf zurückwendend. In der L. hält er einen Dreizack, in der ausgestreckten R. eine Muschel, sie der Nereide l. zeigend, welche danach ihre Hand ausstreckt. Auch auf seinem Rücken sitzt eine Nereide (u. r.). Das Gewand, welches zwischen den Beinen vorgezogen ist, hält sie mit der L. fest, während sie die R. dem Triton auf die Schulter legt. Ihr gewelltes Haar, durch das ein Band geht, ist hinten in einen Knoten zusammengebunden.

Ueber Darstellungen von Meergottheiten auf Sarkophagen vgl. PETERSEN Annali d. I. 1860 p. 396 ff.

107. Römische Portraitbüste.

Ueber Lebensgrösse. — Alabasterähnlicher Marmor. — Abgebildet: LASINIO R. tav. XCV, 12.

Die vortrefflich erhaltene Büste ist mit einem doppelten Gewande bekleidet. An dem Consol die Inschrift:

IV· BRVTVS

Haupt- und Barthaar ist kurz und kraus. Der Mund leise geöffnet. Grosse Adlernase. Kleine Augen. Gesicht und Stirn zeigen mehrere Runzeln. Gute Arbeit.

BURCKHARDT Cicerone 526, b hält den Kopf für modern.

108. Viereckige römische Aschenurne.

H. 0,21. B. 0,31. T. 0,25. — Grauer, bläulich geaderter Marmor. — Abgebildet: LASINIO R. tav. IX. Erwähnt: MORRONA P. i. II p. XI. Die Inschrift bei GORI Antiq. inscr. II p. 28,19: »arcula apud Nobb. e Tortis«.

An beiden oberen Ecken der Vorderseite je ein Bukranion, von deren Hörnern zwei Lorbeerzweige mit Früchten und hängenden Bändern nach der Mitte zu, wo sie mit einer Bandschleife zusammengebunden sind, herabhängen. Darüber eine Tafel mit der Inschrift:

D · M ·
AQ · CALP · RVSTICI
E VOK · VIX ANN · PM
LX · CAL · P · PHOTINVS
LB · PATRONO
MRT

Dazu bemerkt GORI a. a. O.: »evocati, quos Graeci ἀνακλή-τους dicunt, ii erant (Dio LXV) qui militiae laboribus defuncti emeritis stipendiis missionem honestam consecuti, virtutis causa ab imperatoribus rursus in bellum evocabantur. cf. Suet. Galba 10.« — Auf den Nebenseiten Einschnitte zur Befestigung der Deckelklammern, von denen noch auf der r. Seite ein Metallstück erhalten ist.

109. Vorderseite eines (christlichen?) Sarkophags.

H. 0,50. B. 1,93. — Griech. Marmor. — Das Relief hie und da bestossen. — Abgebildet: LASINIO R. tav. XL: »questo bellissimo avanzo ritrovasi murato esternamente in una casa di campagna in Barbaregina, circondario di Pisa.« — Erwähnt: MORRONA P. i. II p. 252.

In der Mitte auf einem Baumstamme ein Médaillon mit dem bekleideten Brustbilde einer Frau (der Verstorbenen). Das Gesicht ist abgestossen. Ueber das wellige, in der Mitte gescheitelte Haar zieht sich eine Stephane oder Haube. Der Kopf neigt sich ein wenig n. r. Die Arme sind unter dem Obergewande verborgen. R. und l. unter dem Médaillon stehen sich symmetrisch zwei Schafe gegenüber, deren Köpfe und Füsse jedoch abgebrochen. L. von dem Médaillon eine Heerde von sieben Schafen (n. r.). Füsse meist abgebrochen. Zwischen ihnen ragt ein Baumstamm hervor. L. davon ein bärtiger Hirt (n. r.) mit Portraitzügen, bekleidet mit einem kurzen gegürteten Chiton, ein Schaf auf seinen Schultern tragend, und an der l. Ecke ein Baum. R. von dem Médaillon acht Jungfrauen im langen, gegürteten Chiton, theils mit, theils ohne Ueberschlag. Zwei von ihnen tragen auch ein Obergewand. Die zweite, welche die übrigen an Grösse etwas überragt, tritt an das Médaillon heran, indem sie die L. wie in einem Redegestus erhebt. LASINIO sieht in ihr wol mit Recht die älteste Tochter der Verstorbenen, und in dem Hirten: »il marito che abbia preso totalmente in cura la guida della famiglia.« Die Arbeit ist weder steif noch trocken und gehört guter Zeit, vielleicht dem 2. Jahrh. an.

110. Viereckige römische Aschenurne.

H. 0,27. B. 0,46. T. 0,28. Deckelh. 0,11. — Ital. Marmor. — Abgebildet: LASINIO R. tav. II. Erwähnt: MORRONA II p. 251. Die Inschrift bei GORI Ant. inscr. III p. XXIX: »— Pisis ad hoc tempus delituere in Aedibus Nobilium a Scorno« etc.

III. Südcorridor.

An den oberen Ecken der Vorderseite zwei bärtige Köpfe mit Widderhörnern (vgl. zu No. 68), von denen zwei Guirlanden, bestehend aus Pinienzapfen, Aepfeln, Mispeln und Blüthen, nach einem in der Mitte befindlichen Nagel im Bogen geführt sind, von welchem r. und l. Bänder zur Seite flattern. Zwischen den Köpfen eine Tafel mit der Inschrift:

DIS · M ·
ΣETHO · CORINTHVS ·
TATA · EIVS · ET · NICE · MAMA ·
FEC · V · A · I · D · XVI

Auf beiden Guirlanden symmetrisch mit einander correspondirend je ein Adler mit ausgebreiteten Schwingen, und unter den Guirlanden in der Mitte zwei Vögel, nach einer Beere pickend. An den unteren Ecken der Vorderseite zwei Sphinxen, deren welliges, in der Mitte gescheiteltes Haar von einem Bande zusammengehalten ist. Ihr Unterkörper verdoppelt sich auf den Nebenseiten, auf denen je eine Palmette dargestellt ist. Der Deckel der Urne ist ein giebelförmiges Dach mit vier Palmettenakroterien an den Ecken. Im Giebel der Vorderseite ein Lorbeerkranz mit zwei flatternden Bändern. Zwischen den vorderen Akroterien und dem Giebel ein halbkreisförmiger Aufsatz, worin in symmetrischer Anordnung ein Hase dargestellt ist, der an einer Kohlstaude frisst.

Hierüber vgl. zu No. 14 und ROSSBACH Röm. Hochz. u. Ehed. p. 88 Anm. 149. — Eine gleiche Inschrift im Hofe des Palazzo Riccardi zu Florenz.

111. Sarkophag mit Meergottheiten.

H. 0,63. B. 1,79. T. 0,64. — Griech. Marmor. — Das Relief mehrfach verstossen und durch Tünche entstellt. Auf d. l. Schmalseite 2 Löcher, auf der r. eines zur Befestigung der Deckelklammern. Deckel eine Schieferplatte. Die Vorderseite abgebildet: LASINIO R. tav. CXXIII.

Das Relief der Schmalseiten ist flacher als das der Vorderseite. Vgl. zu No. 12.

Vorderseite: Längs der ganzen Vorderseite unten die Wellen des Meeres angedeutet, aus denen Delphinen- und Erotenköpfe hervorsehen. In der Mitte in einem Clipeus das mit einem doppelten Gewande bekleidete Brustbild (Portrait) des Verstorbenen, eines jugendlichen Mannes mit krausem Haar.

Der Clipeus wird r. und l. von zwei bärtigen Seekentauren (Unterarme abgebrochen) gehalten. Auf dem Rücken des l. Kentauren sitzt eine Nereide (n. l.) mit lockigem Haar, den l. Arm auf die l. Schulter des Gottes legend, der nach ihr den Kopf zurückwendet. Sie hält in der R. ein im Bogen über ihr flatterndes Gewand. Dann folgt l. ein jugendlicher Seekentaur n. l.) mit Satyrkopf, eine auf seinem Rücken sitzende, rückwärts gebildete Nereide (n. r., umarmend und küssend. Das Gewand, das ihre Schenkel bedeckt, ist über den l. Arm geworfen. Oben fliegen von r. und l. zwei Eroten an die Gruppe heran. Auch auf dem Rücken des den Clipeus r. haltenden Seekentauren sitzt eine Nereide (n. r.) mit lockigem Haar, den r. Arm auf des Kentauren Schulter legend. (L. Arm abgebrochen.) Das über der l. Schulter aufliegende Gewand fällt im Rücken herab, ist dann vorgenommen und bedeckt einen Theil der Schenkel. R. von dieser Gruppe ein jugendlicher Seekentaur mit Satyrkopf (n. r.), dessen l. Arm abgebrochen ist. Mit der L. umfasst er eine auf seinem Rücken sitzende, lockige Nereide n. l.), deren Unterkörper mit einem Gewande bedeckt ist. Sie erhebt die r. Hand wie im Gespräch mit dem Gotte, der seinen Kopf zu ihr zurückwendet.

Auf den Schmalseiten schwimmt über den Meereswellen ein Seepferd (n. l., welches ein auf dem Rücken desselben stehender Erot mit dem Zügel lenkt.

Hierüber vgl. zu No. 98.

112. Sarkophagfragment. Dionysos und Ariadne.

H. 0,42. B. 1,24. — Ital. Marmor. — Die Platte ist an drei Seiten abgebrochen, so dass nur oben der flache Rand erhalten ist. Das Relief ist sehr abgestumpft. Abgebildet: LASINIO R. tav. VI: »esisteva nell' orto della saponiera all' Arsenale«.

Eine Fruchtguirlande mit flatternden Bändern, in der man Pinienzapfen, Aepfel, Mispeln, Feigen, Aehren, Eicheln unterscheidet, wird von zwei ungeflügelten, symmetrisch nach aussen zu schreitenden Eroten über dem Nacken getragen und mit einem Arme festgehalten, während der andere Arm je eine zweite Guirlande, von der aber nur Theile erhalten sind, trägt. Wahrscheinlich wurden diese beiden Guirlanden an beiden Ecken der Sarkophagvorderseite wieder von zwei Eroten aufgenommen. Ueber der mittelsten Guirlande besonders gebildeter, felsiger Boden. Hier ruht auf einem Lager Ariadne mit langem, zu beiden Seiten herabhängendem Haar, das in der Mitte gescheitelt ist. Von dem Gewande, auf dem sie liegt, ist das eine Ende über ihren ‚abgebrochenen' l. Arm, das andere von l. u. r. über ihren Unterkörper geschlagen. Auf ihrem Schoosse sitzt Dionysos in lockigem, zurückgestrichenem Haar, von welchem zwei Locken auf die Brust herabfallen. Er wendet den Kopf n. r. und blickt auf Ariadne. In der R. hält er den mit flatternden Bändern verzierten (abgebrochenen) Thyrsos. Das über seinem r. Schenkel ruhende Gewand ist hinter dem Rücken emporgezogen und über den l. Arm (abgebrochen) geworfen, der wahrscheinlich auf dem l. Schenkel ruhte. — Zeichnung und Ausführung des schönen Flachreliefs ist vortrefflich.

113. Fragment eines Sarkophagdeckels. Heimkehr von der Jagd.

H. 0,30. B. bis zur Mitte des Clipeus = Hälfte der Länge des Deckels 1,21. — Griech. Marmor. — Das Relief ist r. abgebrochen und auch sonst verstümmelt. Abgebildet: LASINIO R. tav. LXVIII, 21. Erwähnt: MORRONA P. i. II p. 253.

Das Relief bildete die vorn aufrecht stehende Randplatte eines Sarkophagdeckels und ist an drei Seiten mit einem schmalen Rande umgeben. L. schliesst sich an die Platte ein Reliefstück in Form eines Akroterions mit folgender Darstellung: Ein Erot in lockigem Haar, bekleidet mit einer den Rücken entlang gehenden Chlamys, eilt n. r., in der R. eine Geissel schwingend. Zu seinen Füssen der Ueberrest eines n. r. laufenden Hundes. — Den Mittelpunkt der Platte nimmt ein längliches Médaillon ein, an dessen Rande l. und r. in symmetrischer Composition sich je zwei gegen einander gekehrte Seethiere befinden. L. liegt auf einem Karren mit Scheibenrädern, einem »plaustrum« (cf. Prob. Virg. Ge. I, 163: »plaustra sunt vehicula quorum rotae non sunt radiatae sed tympana cohaerentia axi«), welchen zwei Stiere in grosser Eile von einer Anhöhe herabziehen, ein vermuthlich auf der Jagd erlegtes Thier. Hinter den Stieren der Lenker im Chiton (n. l.), mit einem Stecken in der R. nach dem vorderen Stiere hinüberlangend, um ihn auf den richtigen Weg zu leiten. Der (abgebrochene) l. Arm war erhoben. Dem Wagen folgt r. ein Reiter (n. l.) im gegürteten Chiton. Sein l. Bein sowie l. Vorderfuss und Kopf des Pferdes abgebrochen. In der L. scheint der Reiter einen Stab zu halten. R. von ihm eine Pinie und ein n. l. schreitender Jäger, bekleidet mit Jagdstiefeln, einem kurzen, gegürteten Chiton mit kurzen Aermeln und einer auf der l. Schulter geknüpften, flatternden Chlamys. In der L. trägt er einen Jagdspeer, mit der R. hält er einen Hund (n. l.) bei der Leine.

Eine sehr ähnliche Darstellung auf einem Fragment in den Ufficien, Inschriftensaal, No. 248.

114. Fragment eines Bakchischen Sarkophags.

H. 0,49. L. 1,60. — Marmor. — Das Relief, welches zur Vorderseite eines Sarkophags gehörte, ist auf drei Seiten abgebrochen, nur oben ein Theil des schmalen Randes erhalten. Von den Figuren selbst keine einzige vollständig. — Abgebildet: LASINIO R. tav. CXXIV.

Auf einem Wagen stehend, das Haupt neigend, fährt Bakchos (nur die Brust erhalten, Gesicht abgebrochen) heran. Der r. Arm war ausgestreckt. Von dem lockigen Haar fallen zwei Strehlen auf die Brust herab. L. von dem Gotte der mit einer Stephane geschmückte Kopf (e. pr.) der Ariadne. Sie trug einen Chiton und stand wahrscheinlich auf dem Wagen neben Bakchos, die L. auf die l. Schulter desselben legend. Den Wagen ziehen zwei Kentauren (n. r.), von denen der vordere älter und bärtig, der hintere (mit Satyrkopf) jugendlich ist. Sie sind mit je zwei Gurten, welche um den menschlichen wie den thierischen Leib gehen, an die Deichsel geschirrt, von der jedoch nichts sichtbar ist. Der bärtige Kentaur (auf seinem Rücken stand ein geflügelter Erot mit flatternder Chlamys, hält in der L. die Lyra, in der R. vermuthlich ein Plektron. Sein jugendlicher Gefährte blies die Doppelflöte, von der sich noch Spuren am Rande erhalten haben. Hinter dem Gespann bemerkt man noch den Oberkörper eines stehenden (e. pr.) Satyrs (n. l.), der den l. Arm ausstreckt und eine Säule, auf welcher eine Henkelvase mit Deckel steht. Vor dem Kentauren springt ausgelassen ein bocksfüssiger bärtiger Pan (n. r.), der auf der l. Schulter einen gefüllten Schlauch trägt, einher. Mit der nach unten ausgestreckten R. sucht er sich im Gleichgewicht zu halten. Vor ihm r. schreitet eine Mainade (n. r.) einher (nur der Oberkörper erhalten), den Kopf nach oben wendend. Sie trug den über den Schultern mit Spange befestigten, gegürteten Chiton, der von der r. Schulter etwas herabgeglitten ist, und schlug mit beiden Händen die Becken zusammen. R. von ihr ein jugendlicher, nackter Satyr mit Schwänzchen, die Doppelflöte blasend (diese wie der l. Arm abgebrochen). Er hat sich, wie es scheint, auf einem Beine herumgedreht und bläst nun gerade dem Zuge entgegen. Die Figur entspricht in dieser Stellung genau dem Satyr auf einem Fragment im Museum zu Brescia (abgebildet Mus. Bresc. tav. XXXVII). R. davon ein trunkener, bekränzter(?), bärtiger Silen (e. f.), der l. von einem Satyrknaben (n. r.) unterstützt wird. Der Silen hat die R. hoch erhoben und hält ein Tympanon. Ueber der l. Schulter sowie dem r. Schenkel wird ein Theil des Gewandes sichtbar. Den l. Arm hat er auf die l. Schulter einer r. neben ihm gehenden Mainade (n. r.), die einen gegürteten Chiton trägt, gelegt. Im Hintergrunde von dieser Gruppe der Oberkörper eines Satyrs (n. l.), der in der n. l. ausgestreckten L. Krotalen hält. Ueber dem Haupte der Mainade wird das Capitäl einer Säule und ein im Bogen flatterndes Gewand sichtbar. — Vortreffliche Arbeit aus guter Zeit.

115. Sarkophag. Selene und Endymion.

H. 0,46. B. 1,86. T. 0,45. Griech. Marmor. — Der Deckel H. 0,21. B. 2,07. T. 0,57. — Ital. Marmor. Der viel zu grosse Deckel ist gewiss nicht zugehörig. Das Relief ist durch anhaftende Tünche sehr entstellt. Auf der l. Seite des Sarkophages ein Stück abgearbeitet. — Abgebildet: LASINIO R. tav. LXIII. — Erwähnt: MORRONA P. i. II p. 254, O. JAHN Archäolog. Beitr. p. 52.

An beiden Ecken der Vorderseite ein trauernder Erot in der bekannten Stellung, sich auf die umgestürzte Fackel lehnend, das eine Bein übergeschlagen, die eine Hand auf den Rücken gelegt. In der Mitte der Vorderseite die eben von ihrem Wagen herabgestiegene Selene (n. r.), bekleidet mit Sandalen, einem langen, gegürteten Chiton, der über den Armen zugenestelt ist, ein hinter ihr im Bogen flatterndes Obergewand mit beiden Händen haltend. Sie schreitet auf den r. vor ihr auf einer Anhöhe neben einem Baume ruhenden Endymion (n. l.) zu. Er liegt auf der Chlamys, die auf der r. Schulter befestigt ist, und stützt sich auf den r. Arm, r. Bein übergeschlagen, r. Arm (Hand abgebrochen) über das Haupt gelegt. Ob die Augen geöffnet sind, lässt sich nicht entscheiden. Der neben ihm befindliche Hund, der wol den Jäger charakterisiren soll, bellt ihn an, als wolle er ihn erwecken. Ueber ihm das sehr undeutliche Fragment eines Eroten. R. von ihm schreitet Hypnos (n. l.) heran. Seine Fersen sind geflügelt, auch am Haupte ein Flügel erhalten. Durch das Haar geht ein Band. In seiner R. (abgebrochen) der Ueberrest eines Hornes, dessen Inhalt er über Endymions Haupt ausgiessen will, und in der L. ein Stengel, wahrscheinlich Mohn. L. von Selene, hinter deren Nacken die Mondsichel erscheint, der mit zwei Rossen bespannte, zweirädrige, bekränzte Wagen, auf welchem ein geflügelter Erot (nach Selene zurückschauend) steht (n. l.). Hinter dem Wagen zwei Bäume. In den Zweigen des einen hängen Köcher und Bogen. Ein anderer Erot (nur Torso erhalten) ist über den Pferden befindlich. Die

Pferde hält eine weibliche Figur beim Zügel, bekleidet mit Stiefeln, einem kurzen, doppelt gegürteten Chiton mit Ueberschlag und einer auf der r. Schulter mit Spange befestigten Chlamys. In der gesenkten R. hält sie die Geissel. Ihr gewelltes Haar ist nach hinten gestrichen. Visconti hat in der Figur zuerst richtig die Hore erkannt (vgl. O. Jahn a. a. O. p. 59). — Der Deckel ist ein giebelförmiges Dach mit vorn senkrecht aufstehendem Rande. An beiden Ecken je eine unbärtige Maske mit langen Haaren und geöffnetem Munde. In der Mitte eine Tafel mit einer mittelalterlichen Inschrift. Zu beiden Seiten davon in symmetrischer Anordnung zwei geflügelte Victorien, eine brennende Fackel mit beiden Händen haltend und den Kopf zurückwendend. Ihr Unterkörper ist mit einem Gewande bekleidet. Hinter jeder Victoria ein mittelalterliches Wappen. Im Tympanon der Nebenseiten des Deckels je eine Rosette. Die Schmalseiten des Sarkophags ohne Reliefschmuck.

Ueber die Bedeutung der Selene-Endymiondarstellungen auf Sarkophagen O. Jahn a. a. O. p. 51: »dieser durch die liebende Nähe der Gottheit beseligte Schlaf musste als das schönste, allen verständliche Bild eines sanften und erquicklichen Schlummers nach den Mühseligkeiten des Lebens erscheinen.« Die schöne Zeichnung und klar dargestellte Handlung zeichnet den Pisaner Sarkophag vor anderen seiner Gattung aus.

116. Etruskische Aschenkiste. Greif und Barbaren.

H. 0,39. B. 0,60. T. 0,23. Deckel fehlt. Sehr verwittert. — Abgebildet: Lasinio R. tav. XLVI.

Ein Greifenweibchen (n. r.) hat mit seinen Vordertatzen einen Krieger (n. l.) gepackt, welcher auf das r. Knie gesunken ist. Er trägt eine Chlamys und auf dem Kopfe eine helmartige Kappe. An seinem l. Arm ein grosser, runder Schild, in der R. ein kurzes Schwert. Zu seinem Schutze eilt von r. ein anderer Krieger mit Schild und Schwert herbei, den Schild gegen das Thier haltend. Er ist bekleidet mit kurzen Hosen, die mit einem um die Hüfte gehenden Gurt festgehalten sind, einer Chlamys und einer helmartigen Kappe. Von l. eilt ein dritter Krieger (e. f.) herbei, im Begriff mit der in der R. erhobenen Lanze das Thier von hinten anzugreifen. An der L. hält er einen grossen, runden Schild. Chlamys und Kopfbedeckung wie bei den andern Kriegern.

Ein Greifenweibchen mit Kriegern kämpfend auf einer Aschenkiste bei Gori Mus. Etr. I tav. 154 und III tav. 4. Gori denkt dabei an Phineus, den die Argonauten von den Harpyien befreiten, eine

III. Südcorridor. 95

Auffassung, die jedoch wenig für sich hat. L. STEPHANI Compterendu 1864 p. 47 ff. u. p. 85) wies dagegen richtig nach, dass in derartigen Vorstellungen blos die allgemeine Idee von Kämpfen zwischen Greifen und Barbaren ausgedrückt sei und dass nur in den rohen etruskischen Fabrikaten aus Nachlässigkeit des Künstlers das barbarische Costum nicht durchgeführt sei.

Als Deckelfigur eine auf 2 Kissen ruhende Frau im gegürteten Chiton und einem Obergewande. In der L. hält sie einen unkenntlichen Gegenstand, in der R. eine Frucht.

117. Meleagrossarkophag.

H. 0,83. B. 1,96. T. 0,85. Griech. Marmor. Deckel: B. 1,96. T. 0,85. — Das Relief sehr beschädigt. — Abgebildet: LASINIO R. tav. LXXXVI. Erwähnt: MORRONA P. i. II p. 256. In der Aufzählung der Meleagrossarkophage von MATZ Annali 1869 p. 77 f. ist der Sarkophag nicht genannt.

Vorderseite. Von r. stürmt der Eber heran, der von einem Hunde n. l.) beim Ohre gepackt wird (Beine abgebrochen). Ueber den Eber weg setzt n. r. ein Reiter auf einem mit einem Thierfelle gesattelten Pferde. Er wendet sich n. l. und war wol im Begriff aus der erhobenen r. Hand (abgebrochen) den Speer von oben herab gegen das Thier zu schleudern. Bekleidet ist er mit einem kurzen gegürteten Chiton und einer auf der r. Schulter mit Spange befestigten Chlamys. An der r. Ecke ein Mann n. r.) in Gamaschen, kurzem, mit einem Bande gegürteten Chiton und einer auf der r. Schulter mit Spange befestigten Chlamys. In der L. hält er das Schwert (oder Schwertscheide?). Er erhebt den r. Arm wie erschrocken über das Haupt und scheint zurückweichen zu wollen. Dem Eber entgegen eilt von l. Meleagros (Arme und Kopf abgebrochen', bekleidet mit einer auf der r. Schulter mit Spange befestigten Chlamys, deren Ende um den l. Arm geschlungen war. Hinter ihm stürmt ein Hund (n. r.) mit Halsband gegen den Eber an. R. von Meleagros Artemis-Atalante, aus dem Hintergrunde vorschreitend, im doppeltgegürteten, kurzen Chiton und flatterndem Obergewande. An einem schräg über die Brust gehenden Bande hängt der Köcher, aus dem sie wahrscheinlich einen Pfeil zu nehmen im Begriff war. (Beide Arme abgebrochen.) Ihr gewelltes Haar ist nach hinten zurückgestrichen und mit einem Halbmonde bekrönt. An den Füssen trägt sie Jagdstiefel. L. von Meleagros noch drei andere Jäger, welche aus dem Hintergrunde hervorschreiten. Sie tragen Jagdstiefel, einen kurzen, mit einem Bande gegürteten Chiton und eine auf der l.

Schulter geknüpfte Chlamys. Dem mittelsten fehlen Kopf und r. Bein, dem l. das l. Bein. Beide halten mit der L. einen runden Schild, der r. einen Stab, der in einen Thierfuss (mit Huf) endigt, vermuthlich ein Geräth um das Wild aufzuscheuchen.

R. Schmalseite: Nach l. eilt ein Mann, vielleicht ein Treiber, mit der R. einen Hund (u. l.) an der Leine haltend, die mittelst einer Schlinge um das Schulterblatt des Hundes befestigt ist. Er ist bekleidet mit Jagdstiefeln, kurzem, mit einem Bande gegürteten Chiton und einer auf der r. Schulter geknüpften Chlamys. In der L. hält er dasselbe Geräth wie der Jäger auf der Vorderseite, einen Stab, woran ein Thierfuss gebunden ist.

L. Schmalseite: Ein junger Mann, n. r. eilend, führt in derselben Weise wie der Treiber auf der r. Schmalseite einen Hund an der Leine. Bekleidet ist er mit Jagdstiefeln und einer mit einem Bande gegürteten Exomis. Mit der L. trägt er über der l. Schulter eine Stange, von der ein todter Hase herabhängt.

Der Deckel bildet ein mit Teppich belegtes Polster, auf welchem zwei Personen, l. die Frau, r. der Mann gelagert sind. Sie tragen beide ein doppeltes Gewand. Der Chiton der Frau mit einem Bande gegürtet. Der Mann hält ein aufgerolltes Volumen. Von beiden Figuren die Köpfe abgebrochen. An der r. Vorderecke das Fragment eines nackten Eroten, der sich an eine bärtige Maske anlehnt.

Ein an der l. Vorderseite befindliches Fragment ist nicht näher zu bestimmen. Vgl. zu No. 61.

118, 119. Torso einer Togastatue.

Ital. Marmor. Fehlen bei 118: Kopf, Füsse, Unterarme, bei 119: Kopf, r. Arm, l. Hand, beide Unterschenkel. — Abgebildet, 118: LASINIO R. tav. CL***; 119: tav. CL, 154: »trovato nell' agro di Empoli«.

118. Die dargestellte Figur ruht auf dem l. Bein und ist mit Aermeltunica und Toga bekleidet. Sie unterscheidet sich in nichts von den gewöhnlichen Togastatuen. Rückseite ist unbearbeitet. Die Figur war also wol bestimmt, dicht an einer Wand zu stehen. 119 unterscheidet sich in nichts wesentlichem von 118.

IV. Westcorridor.
No. 120—132.

120. Friesfragment.

H. 0,90. B. 3,36. — Griech. Marmor. L. Theil des unteren Randes ist zerstört. — Abgebildet: LASINIO R. tav. XXXIV. Erwähnt: MORRONA P. i. I p. 249: »faceva l'uso dalla parte del rovescio di paliotto da altare nel vicino duomo«.

Ueber einem mit Blattwerk geschmackvoll ornamentirten Streifen erheben sich in regelmässigen Abständen Dreizacke, einmal über einer Muschel, das andere Mal über einer Palmette. Zu beiden Seiten jedes Dreizacks ein Delphin mit dem Kopfe nach unten und je an einem Blatte beissend, aus denen zwischen je zwei Delphinen eine grössere Palmette, aber von abwechselnder Bildung emporspriesst. Das Ornament ist ausserordentlich schön. Die Rückseite der Platte modern mosaicirt.

121. Fragment eines Hochreliefs. Löwe und Eber.

Griech. Marmor. — Abgebildet: LASINIO R. tav. XIV, 34: »esisteva incastrata nel muro d'una antica torre a Vico Pisano«.

Der Löwe (n. r.) hält einen Eber zwischen den Tatzen. Das Motiv kommt oft auf Nebenseiten von Sarkophagen vor, allein das Pisaner Fragment muss eine andere Bestimmung gehabt haben. Ueber dem Löwen bemerkt man noch den Rest eines horizontalen mit Eierstab ornamentirten Streifens.

Ein ähnliches Fragment findet sich eingemauert aussen an dem Columbarium im Garten der Villa Pamfili zu Rom.

122. Marmorvase.

Die Vase, abgebildet LASINIO R. tav. XIX, wurde in der Nähe von S. Pietro in Grado gefunden. Die Henkel der Vase nur zum Theil erhalten. Unter denselben eine einfache Palmette. Der runde, nach oben zu sich verjüngende Fuss ist cannelirt.

Dütschke, Antike Bildwerke. I.

123. Ovaler Sarkophag.

H. 1,23. T. 1,10. B. 2,70. — Marmor. Deckel nicht vorhanden. — Abgebildet: Lasinio R. tav. CXLV und CXXI.

Der Sarkophag scheint erst nachträglich aus einer Badewanne zu einem solchen umgestaltet worden zu sein. Oben und unten ein profilirter Rand. Ursprünglich war der Sarkophag wol rings herum cannelirt. Vielleicht zeigten auch beide Langseiten die zwei, einen Ring zwischen den Zähnen haltenden Löwenköpfe im Hochrelief, die jetzt blos an der Rückseite sich befinden. In die gegenüberliegende (Vorder-) Seite ist dann später ein dem Zwecke eines Sarkophags entsprechendes Relief eingemeisselt, welches sich auf drei oblonge Felder vertheilt. In dem mittelsten erhebt sich auf zwei Säulen römischer Ordnung eine Aedicula mit Palmettenakroterien auf dem Giebel und den beiden Seiten. In derselben stehen auf einem Postament, welches aus dem ursprünglich herum laufenden profilirten unteren Rande des Sarkophages gebildet ist, l. ein älterer und r. neben ihm ein jüngerer Mann. Sie tragen Fussbekleidung, Aermeltunica und Toga darüber. Der ältere hält in der L. eine Rolle. Bei dem jüngeren die Unterarme abgebrochen. R. und l. am Boden eine Anzahl zusammengebundener Rollen. Zwischen die Köpfe beider Personen nachträglich ein mittelalterliches Wappen eingemeisselt. Im l. Eckfelde steht eine Frau (Kopf nur angelegt) in Schuhen, feinerem Unter- und gröberem Obergewande. In der l., jetzt abgebrochenen, Hand hielt sie eine Rolle(?). Im r. Eckfelde ein Imperator, bekleidet mit Schnürstiefeln, deren Umschlag mit einem Thierkopf verbrämt ist, kurzen, bis über das Knie reichenden, engen Hosen, einer kurzen Tunica und einem mit Blattornament verzierten Brustharnisch. Unter den verzierten halbrunden Platten πτέρυγες; am Unterleibe hängen befranzte Lederstreifen herab, ebenso unter den Schulterriemen. Um die Brust ist ein Band (cingulum) geknüpft. Auf der r. Schulter ist das Paludamentum mit Spange befestigt. In der L. hält der Imperator ein Schwert, dessen Griff aus dem Kopf eines Adlers(?) besteht. Die R. war erhoben, jetzt abgebrochen. Kopf blos angelegt. Zwischen l. Eck- und Mittelfelde am oberen Rande eine mittelalterliche Inschrift.

124. Römischer Sarkophag. Jahreszeiten.

H. 0,70. B. 2,15. T. 0,82. — Marmor. — Mehrfach beschädigt. — Abgebildet: Lasinio R. tav. XXXVIII u. XXXIX. Erwähnt: Morrona P. i. II p. 253. — Der steinerne Deckel ein giebelförmiges Dach.

Das Relief der Schmalseiten flacher als das der Vorderseite. Vgl. zu No. 12.

Vorderseite. In der Mitte halten zwei symmetrisch nach innen zu schreitende geflügelte Eroten ein Médaillon; in demselben die Brustbilder (Portraits) l. eines bärtigen Mannes in Tunica und Toga. r. einer Frau mit einfachem, in der Mitte gescheiteltem Haar aus drei Akanthusblättern hervorspriessend. Vgl. zu No. 3. Die Eroten tragen eine auf der l. Schulter mit Spange befestigte Chlamys. Der r. von dem Médaillon stellt den Herbst vor, auf seinem lockigen Haar ein Kranz von Weinlaub; zwischen seinen Füssen ruht der Panther (n. l., Kopf abgebrochen), als das dem Dionysos heilige Thier. Der Erot l. ist der Sommer mit einem Aehrenkranz (nicht Lorbeer wie auf der Abbildung bei LASINIO). Zwischen seinen Füssen ruht ein Stier (nicht Kentaur), als Symbol des Ackerbaues. Dieselben Attribute des Herbstes und Sommers auch auf einem Lateranensischen Sarkophag (BENNDORF und SCHÖNE No. 76). An der r. Ecke steht der Winter, ein geflügelter Erot. mit Schilf bekränzt, bekleidet mit Hosen, einem kurzen, gegürteten Aermelchiton und schleierartig über den Kopf gezogenem Obergewande. In der L. erhebt er ein Körbchen mit Früchten: r. Hand abgebrochen. R. zu seinen Füssen sitzt ein Kaninchen oder Hase, vielleicht als Symbol der winterlichen Jagd. Der an der l. Ecke stehende geflügelte Erot repräsentirt den Frühling. Die auf seiner r. Schulter hängende Chlamys wird mit einem über die Brust gehenden Bande zusammengehalten. Mit diesem kreuzt sich ein zweites geflochtenes (?) Band, oder eine Blattguirlande, von gleicher Art wie bei der Figur des Herbstes auf einem Sarkophagfragment im Hofe des Palazzo Mattei zu Rom, schlecht abgebildet bei S. BARTOLI Admiranda Taf. 78. Durch das lockige Haar des Eroten schlingt sich ein Band. In der R. erhebt er ein mit Blumen gefülltes Körbchen. Zu seinen Füssen sitzt l. ein Thier (Kopf abgebrochen), vielleicht ein Böckchen, an einer Beerfrucht nagend. Unter dem Médaillon liegen auf einem Postamente drei Masken, l. zwei weibliche (n. l.). r. eine männliche (n. r.) Pansmaske mit weit geöffnetem Munde. Das lange Haar der mittleren Maske ist mit Weintrauben bekränzt, die l. Maske hat gewelltes, zurückgestrichenes Haar und einen geöffneten Mund.

Ueber die Bedeutung der Jahreszeiten auf Sarkophagen vgl. PETERSEN Annali d. I. 1861 p. 204. Das Fehlen der sonst gewöhnlichen Füllhörner, zum Theil auch der gefüllten Körbchen, zeigen, dass der Künstler in den Jahreszeiten nicht den Reichthum des genossenen Lebensglückes als vielmehr den Wechsel der Zeit und den Uebergang vom Leben zum Tode hat darstellen wollen. Durch die bestimmten und charakteristischen Attribute der Jahreszeiten wird ausserdem auf die wechselvolle Arbeit des Lebens in der Form ländlicher Beschäftigungen hingedeutet: der Frühling erinnert an das Hirtenleben, der Sommer an den Ackerbau, der Herbst an die Weinkultur und der Winter an die Jagd.

Auf beiden Schmalseiten je eine nach der Vorderseite zu schreitende Sphinx, die eine ihrer Tatzen auf einen Widderkopf setzend.

125. Vorderseite einer etruskischen Aschenkiste.

H. 0,43. B. 0,76. — Alabaster. — R. obere und l. untere Ecke abgebrochen, auch sonst sehr beschädigt. Von den 4 ersten Personen l., sowie von den 2 letzten r. fehlen die Köpfe. Abgebildet: Lasinio R. tav. XXXI.

Unten und oben ein vorspringender ornamentirter Leisten. Auf einer, die Mitte der Vorderseite einnehmenden, mit einem Teppich behängten Kline, vor der eine lange Fussbank mit Löwenfüssen steht, ruhen neben einander vier Männer (n. l.), sich mit der l. Seite an zwei Kissen, deren Ecken mit Troddeln geschmückt sind, anlehnend, bekleidet mit doppelten Gewändern. Der erste Mann r., vielleicht die vornehmste Person, hat einen Chiton mit langen Aermeln und einem sorgfältig gegürteten Ueberschlag. Er hält in der L. einen Stab und legt im Gespräch mit seinem Nachbar die R. auf dessen l. Schulter. Dieser hält in der R. eine Patera; der dritte (ohne Kopf) hält in der R. eine Trinkschale, in der L. ein halbaufgerolltes Volumen, er recitirte also wol ein Gedicht. Auf der Rolle selbst bemerkt man noch Reste griechischer Buchstaben in diesen Spuren von rother Farbe. Der vierte Mann scheint dem Nachbar zuzuhören (Kopf und r. Arm abgebrochen). Vor der Kline ein runder Tisch auf drei Löwenfüssen, die jedoch nur noch zum Theil erhalten sind. Auf dem Tisch drei verschiedene Gefässe, unter ihnen r. ein Kantharos. L. davon zwei Knäbchen in Stiefeln und gegürtetem, kurzen Chiton, sich mit den Armen umschlingend. Zu beiden Seiten der Kline, etwas mehr im Hintergrunde, je eine weibliche Gestalt, bekleidet mit Stiefeln und einem langen Chiton mit gegürtetem Ueberschlag. Die r. trägt darüber ein auf der Brust mit Spange geknüpftes Obergewand. Beide halten in der L. einen grossen runden, verzierten Schild, die r. hielt eine Lanze, (jedoch nur die Spitze vorhanden). Die Köpfe abgebrochen. L. an der Ecke sitzt, ganz im Vordergrunde auf einem

Thronos mit gedrechselten Beinen eine Frau (n. r., bekleidet mit Schuhen, einem langen, gegürteten Chiton und einem Obergewande darüber, in welchem die R. verborgen ist. Ob die L. einen besonderen Gegenstand, oder nur eine Falte des Gewandes hielt, ist nicht zu entscheiden. Kopf abgebrochen. Dieser Frau gegenüber steht an der r. Ecke eine hohe, wol männliche Gestalt im langen Chiton und einem darüber umgeschlagenen Obergewande, in welchem die R. ruht. während der r. Arm (Hand abgebrochen) erhoben ist. L. vor ihm zwei Knäbchen, in Stiefeln und kurzem gegürteten Chiton, von denen der l. als οἰνοχόος im Begriffe ist aus einer Amphora in einen grossen Mischkrug zu giessen.

Aehnliche Darstellungen von Gastmählern finden sich häufig auf etruskischen Aschenkisten z. B. bei GORI Mus. Etr. III, Diss. III, Taf. 14, CLARAC Mus. II pl. 159, 286—288.

126, 127, 130. **Deckelfiguren von etruskischen Aschenkisten.**

126. Ruhende weibliche Figur (n. l.) in doppeltem Gewande, mit unförmig grossem Kopfe und grossen Händen. In der R. hält sie ein Diptychon.

127. Aehnlich wie 126. Nur ist der Oberkörper entblösst.

130. Aehnlich wie 126. Die Figur hält das Diptychon in der L.

128. **Römischer Sarkophag.**

H. 0,78. T. 0,92. B. 1,06. — Griech. Marmor. — Abgebrochen: Schamtheile der männlichen Figur in der Mitte der Vorderseite. Deckel eine Steinplatte. Das Relief durch Tünche entstellt. — Abgebildet: LASINIO R. tav. XXVI und XXVII. Erwähnt: MORRONA P. i. II p. 296, welcher die mittlere Figur für eine nackte Pallas(!) hielt. Die Inschrift bei GORI Ant. inscr. III p. 18 f. = ORELLIHENZEN 2375.

Theils am oberen Rande theils auf der Vorderseite des Sarkophages befindet sich die Inschrift:

C·BELLICVS NATALIS TEBANIANVS·COS·
XV VIR FLAVIALIVM.

L. Bellicus Natalis (ein L. Bellicus Natalis mit Gattin auf einem Cippus bei FABRETTI II, 262) war Consul suffectus 68 p. Chr. zugleich mit Publius Cornelius Scipio. (Tebanianus war vermuthlich der Adoptivname.) Der Sarkophag gehört also der 2. Hälfte des 1. Jahrhunderts an.

In der Mitte der Vorderseite steht auf den Zehen in steifer Stellung, einem Satyr ähnlich, ein nackter, junger Mann (e. f.), den mit einem Helme bedeckten Kopf n. l. wendend. Die L. erhoben, die R. herabhängend. Um seinen Leib ist ein schmales Gewand geschlungen, dessen Enden zu beiden Seiten nach unten flattern. An beiden Ecken der Vorderseite je eine Jungfrau (e. f.), bekleidet mit einem langen Chiton mit Ueberschlag, der über den Schultern mit Spangen befestigt ist. Mit der einen nach rückwärts erhobenen Hand halten sie eine schwere, auf ihren Schultern ruhende Guirlande (bestehend aus Pinienzapfen, Blumen, Aepfeln, Mispeln, Nüssen, Feigen, Weintrauben, Aehren, Limonen und Blättern) die im Bogen nach unten hängt und mit beiden inneren Enden dem in der Mitte stehenden nackten Manne über die Schultern gelegt ist. Von den Enden der beiden Guirlanden flattern nach oben und unten Bänder. Ueber beiden Bogen ein besonderer Boden angedeutet mit folgenden Darstellungen in Flachrelief: L. sitzt Bakchos (n. r.) auf einem Felsen. Um seinen Unterkörper ist ein Gewand geschlagen. Mit der erhobenen R. erhebt er den einen Zipfel eines seinen Rücken bedeckenden Obergewandes, dessen entgegengesetztes Ende von der an den Felsensitz sich anlehnenden L. gehalten wird. Dem Gotte naht sich v. r. ein gehörnter, ithyphallischer Pan, r. Bein und beide Hände erhebend. Ueber dem r. Bogen sitzen vor einem Trophaeum, bestehend aus Brustharnisch, Tunica, Paludamentum, Helm mit Crista, Schwert, rundem Schild und zwei länglichen, sechseckigen Schilden, sich gegenüber zwei nackte Gefangene, von denen der l. etwas jünger, der r. bärtig zu sein scheint. Ihre Hände sind auf dem Rücken zusammengebunden. Der Gefangene l. hat das l. Bein unter das r. untergeschlagen. Zu ihnen heran tritt v. r. ein nackter Satyr (n. l.) mit spitzen Ohren und Schwänzchen. (L. Arm abgebrochen, war wol vorgestreckt.) In der R. hält er ein Schwert.

Auf beiden Schmalseiten eine im Bogen nach unten hängende Guirlande mit flatternden Bändern, deren eines Ende von einem an der hinteren Ecke stehenden, nackten, ungeflügelten Eroten, deren anderes von den auf den Ecken der Vorderseite dargestellten Jungfrauen gehalten wird. Darüber je ein Gorgoneion mit leise geöffnetem Munde. Pupillen und Augensterne angegeben. Das Gesicht ist von zwei mit den Schwänzen unter dem Kinne zusammengeknüpften Schlangen umgeben, deren Köpfe sich über dem Gorgoneion entgegenkommen. Das in der Mitte gescheitelte Haar des letzteren ist über den oberen Theil der Schlangenleiber zurückgestrichen und lässt oberhalb der Schlangenköpfe zwei Flügel herauswachsen. Vgl. zu No. 68.

129. Fragment eines Fusses.

Ital. Marmor. — Vorderer Theil abgebrochen.

130. Vgl. No. 126, 127.

131. Ovaler, römischer Sarkophag.

H. 1,16. B. 2,53. T. 1,27. — Griech. Marmor.

Der Sarkophag (ohne Deckel) hat die Form einer grossen, ovalen Wanne, welche auf der Vorder- und beiden Nebenseiten in Schlangenlinien cannelirt ist. Auf der Rückseite r. und l. ein geflügeltes Gorgoneion mit unter dem Kinn geknüpften Schlangen. Dem entsprechend auf der Vorderseite r. und l. je ein Löwenkopf (e. f.). Da wo die Cannelüren der Vorderseite sich begegnen, ein römisches Ehepaar (in flachem Relief), sich die Hände reichend, l. der Mann, in Stiefeln und Tunica, mit einer Rolle in der L., r. die Frau in Schuhen und doppeltem Gewande, das Obergewand über den Kopf gezogen.

132. Bakchische Marmorvase.

Hohe Aufstellung. — Feinkörniger (Pentel.?) Marmor. — Das Relief der Vase vortrefflich erhalten, nur der Fuss modern. — Abgebildet bei MORRONA P. i. II tav. XI mit dem vom Bildhauer Cosimo Cioli 1604 angefertigten Deckel, dann besser bei LASINIO R. tav. LXI.

Der bärtige, bekränzte Dionysos, bekleidet mit Sandalen, einem langen, bis auf die Erde herabreichenden Gewande (n. l.), lehnt sich an einen ihn im Rücken unterstützenden, nackten, auf den Zehen stehenden Satyrknaben (n. l.), auf dessen Kopf sein l. Arm ruht. Dionysos hat den r. Fuss vorgeschoben und ein vor ihm zur Erde gebeugter, nackter Satyrknabe ist beschäftigt, die Sandale zu lösen. Der Knabe ist fast verdeckt durch einen dem Gotte voranschreitenden alten, bärtigen Satyr (n. l.), welcher die Doppelflöte bläst. Er trägt Stiefel und ein schmales Gewand, das er um Brust und Rücken gezogen, und dessen Enden er über den l. Arm geworfen hat. Vor ihm her geht ein nackter bärtiger

Satyr (n. l.), den Kopf zurückwendend und mit der L. eine (weibliche?) kleinere Figur an sich ziehend. Dieselbe hat ein Gewand um den Unterkörper geschlagen. Mit der L. scheint sie einen zwischen ihr und dem Satyr befindlichen, spiralförmig gerollten Gegenstand von seltsamer Form vorzuziehen (der Schwanz des Satyrs?). Dem Paare voran schreitet ein jugendlicher, lockiger Satyr (n. r.), halb sich zurückwendend und die R. wie aufmunternd zum Gehen erhebend. Er trägt über der l. Schulter einen gefüllten Schlauch, dessen Ende er mit der L. über der Brust festhält. Hinter ihm wird ein Gewandstück sichtbar; doch bemerkt man nicht, wie dasselbe an den Körper angelegen hat. R. von Dionysos eine sehr schöne Gruppe von tanzenden Satyrn. Der l. (n. l.) ist ganz nackt, sein lockiges Haar ist nach hinten zurückgestrichen. In der L. hält er den Thyrsos. Er steht auf den Zehenspitzen des r. Fusses, der l. ist erhoben, die l. Hand nach vorn ausgestreckt, den Kopf wendet er zurück. Sein Gefährte (n. r.) ist nackt bis auf einen schmalen Gewandstreifen, der mehrmals um Arme und r. Schulter geschlungen ist. Sein lockiges Haar ist wie bei einem Mädchen zurückgestrichen und auf dem Hinterkopfe in einen Knoten zusammengebunden. Er weist mit der R. nach unten, in der erhobenen L. hält er den Thyrsos. Den Kopf wendet er n. l. L. von ihm die drei Horen nebst Pan. Die Horen haben sich wie im Reigentanze bei den Händen angefasst, ξυνάπτουσαι τὰς χεῖρας (Philostr. Im. II, 34). Ihr lockiges Haar ist zurückgestrichen und hinten in einen Knoten zusammengebunden. Die erste (n. l.) trägt einen gegürteten, dorischen Chiton mit Ueberschlag, der aber unter den l. Arm herabgesunken ist. Mit der erhobenen R. greift sie zierlich nach dem Zipfel eines hinter ihrem Rücken flatternden Tuches. Es ist die Hore des Sommers, die sich zum Schutze gegen die brennenden Sonnenstrahlen das Tuch über den Kopf ziehen will. Mit der L. hält sie die Hand der folgenden Hore χεῖρ' ἐπὶ καρπῷ fest, welche ihr ruhigen Schrittes nachfolgt. Sie trägt einen langen Chiton und darüber ein Obergewand, dessen eines Ende über l. Arm und Schulter zurückgeworfen ist, doch ist die Lage des Gewandes nicht ganz deutlich. Es ist die Hore des Winters, kenntlich an der dichteren Verhüllung des Körpers. Die R. hat sie zurückgestreckt und ergreift die l. Hand der Hore bei den Fingerspitzen. Diese (n. l.) schreitet weit aus. Sie trägt den langen, dorischen Chiton mit Ueberschlag, der über beiden Schultern befestigt ist und l. auseinanderschlägt, so dass beide Beine sichtbar werden. Es ist die Hore des Frühlings in aufgeregter, tanzender Bewegung. Den Kopf hat sie n. r. zurückgewendet und fasst mit der R. nach dem Zipfel eines Gewandes, welches dem ihr folgenden, aber n. r. sich umwendenden bärtigen Pan über der r. Schulter liegt. Pan ist gehörnt, seine Beine haben menschliche Bildung bis auf die Klauenfüsse. Er ist bekleidet mit einem ziemlich eng anliegenden kurzen Chiton mit kurzen Aermeln. In der r. Hand scheint er ein Pedum zu halten. Die L. hängt am Körper herab. Sämmtliche Figuren, mit Ausnahme des Dionysos und des Pan schreiten leicht auf ihren Fussspitzen dahin. Pan und Dionysos nehmen die gegenüberliegenden Punkte des Kreises ein. Dem Pan schreiten die drei Horen, dem Dionysos ein Satyr mit Flöten, ein Satyrpaar und ein Satyr mit Schlauch voran, so dass die ganze Composition deutlich in zwei Gruppen zerfällt. Pan geht dem ersten Satyr entgegen, die beiden tanzenden Satyrn haben den Rücken gegen einander gekehrt und wenden sich ein jeder zu ihrer Gruppe. Ueber den Köpfen der Figuren läuft dem oberen Rande der Vase entlang ein leichtes Ornament von Rebzweigen.

Pan mit Horen auf einem Votivrelief, erläutert von MICHAELIS in Ann. d. I. 1863 tav. d'agg. L. p. 311 ff., und im Mus. Veron. tab. II, 2. Sehr ähnlich ist die Darstellung einer Neapler Marmorvase, abgebildet Mus. Borbon. tav. 9, wo Pan von den Horen umtanzt wird, während Dionysos ihrem Tanze zuschaut, ausserdem der Bakchische Thiasos. Interessant ist die Pisaner Vase ferner durch die Art, mit welcher die Horen in voller Deutlichkeit als Repräsentanten der drei Jahreszeiten charakterisirt werden. Hierüber vgl. besonders MICHAELIS a. a. O. Die Hore des Sommers kehrt öfter als Bakchantin wieder, so auf einem schönen Relief des British Mus. Vol. X tav. XXXV. und Mus. Chiaramonti XXXVI (O. MÜLLER Handb. p. 114 ist geneigt, die Figur auf ein Original des Skopas zurückzuführen). Die Hore des Winters wiederholt sich in derselben Gestalt auf einem Relief des Mantuaner Museums (LABUS Mus. III, XLVII, 2. p. 269 ff.). Die Bakchische Gruppe des Reliefs wiederholt sich öfter, in umgekehrter Reihenfolge z. B. Mus. Pio-Clem. IV, 25, S. BARTOLI Admiranda 71. Vgl. CLARAC p. 133, MONTFAUCON Ant. expl. III T. 88; eine Terracotta des Britischen Museums (ancient terracottas p. 125).

Die Schönheit des Pisaner Reliefs, das im Einzelnen manche Ungenauigkeiten aufweist, besteht vor Allem in der grossen Anmuth der einzelnen Motive in Bewegung und Gewandung der Figuren und geht unzweifelhaft auf griechische Erfindung zurück.

B. Innere Wand.

V. Nordcorridor.

No. 133—148.

133. Römischer Sarkophag.

H. 0,49. B. 2,0. T. 0,50. — Griech. Marmor. — Deckel fehlt. In dem Sarkophage mehrere Löcher, wahrscheinlich zum Einsetzen von Röhren. Das Relief sehr zerstört. — Abgebildet: LASINIO R. tav. CXLV (LVIII).

An der r. und l. Ecke der Vorderseite je ein cannelirter Pilaster auf profilirter Basis (Capitäle abgebrochen). Die Vorderseite ist spiralförmig cannelirt bis auf ein viereckiges Mittelfeld, in welchem sich ein Médaillon mit dem bekleideten Brustbild einer Figur befindet; darunter zwei sich kreuzende Füllhörner. — Die Nebenseiten sind blos mit dem Spitzhammer zugehauen.

134. Sarkophag.

H. 0,72. T. 0,74. B. 2,35. — Griech. Marmor. Der steinerne Deckel ist zu kurz, nicht zugehörig. — Abgebildet: LASINIO R. tav. XII. — Erwähnt: MORRONA P. i. II, 278.

Auf glatter Basis erhebt sich, vermittelst durch Polster und Hohlkehle, der Sarkophag. An den vier oberen Ecken Bukranien, und in gleicher Höhe mit diesen auf der Vorderseite zwei sich correspondirende geflügelte Eroten. Eine in fünf Bogen aufgenommene Guirlande (der mittelste Bogen besteht aus Lorbeerblättern und Beeren, die übrigen aus anderen Blättern und Früchten, unter denen man Haselnüsse, Granaten, Birnen, Limonen erkennt) ist nun so um die Vorderseite und beide Schmalseiten des Sarkophages geschlungen, dass die Zwischenbänder, welche die einzelnen Bogen verbinden, theils auf den Hörnern der Bukranien theils auf den Schultern der Eroten ruhen. Ueber den drei Bogen der Vorderseite je ein kleines Médaillon, und in demselben ein geflügeltes Gorgoneion mit unter dem Kinne geknüpften Schlangen, über den Bogen der beiden Schmalseiten je eine Patera. — Vgl. zu No. 68.

135. Römischer Sarkophag.

H. 0,65. T. 0,60. B. 2,13. — Griech. Marmor. — Das Relief mehrfach beschädigt und stark verwittert. In den nur mit dem Spitzhammer zugehauenen Schmalseiten Löcher zur Befestigung der Deckelklammern. — Abgebildet: Lasinio R. tav. XCIII.

Die Vorderseite ist spiralförmig cannelirt und lässt nur ein Mittel- und zwei Eckfelder für den Reliefschmuck frei. In der Mitte erheben sich über einer Basis zwei spiralförmig cannelirte korinthische Säulen, welche mit dem sie verbindenden Archivolten eine Halle darstellen. In derselben steht, etwas mehr nach r. ein Mann, bekleidet mit Schuhen, Tunica und Toga. Vom Gesicht ist nur noch wenig zu erkennen. L. am Boden ein scrinium, auf welches quer mehrere zusammengebundene Bücher gelegt sind. Ueber den Capitälen der Säulen je eine Maske. Auch auf beiden Eckfeldern je eine Basis von derselben Form wie im Mittelfelde, nur etwas kürzer. L. steht darauf ein junger Mann mit lockigem Haar (e. pr.) n. r. vor einem brennenden, runden Altar. In der L. scheint er das Fragment einer Rolle zu halten. R. Arm und r. Bein abgebrochen. Bekleidet ist er mit Schnürstiefeln, engen, bis über das Knie gehenden Hosen, einer kurzen, gegürteten Tunica und einem auf der r. Schulter mit Spange befestigten Mantel. Im r. Eckfelde steht über der Basis ein Mann, bekleidet mit Schuhen, Tunica und einem Obergewande, das mit dem einen Ende über die l. Schulter zurückgeworfen ist. Der r. Arm ruht in dem Gewande, die herabhängende L. ist ebenfalls von demselben, bis auf die Hand verdeckt. Das Gesicht ganz verstossen. L. am Boden ein in der Mitte zusammengeschnürtes Bündel Rollen.

136. (Christlicher?) Sarkophag.

H. 0,55. B. 1,88. T. 0,61. — Griech. Marmor. Als Deckel eine Steinplatte. — Abgebildet: Lasinio R. tav. XLIX: »dall' antichissima chiesa della soppressa Abbazia di S. Zeno in Pisa«.

An beiden Ecken der Vorderseite befindet sich, von dem Mittelbilde durch einen Pfeiler, auf dem ein gemauerter Bogen aufsitzt, getrennt, ein blätterloser, knorriger Baumstamm mit

Aesten, von denen l. ein Pedum, r. eine Syrinx herabhängt. In der mittleren Darstellung der Vorderseite in gebirgiger Landschaft, die n. r. und l. hin eine Grotte bildet, ein bärtiger Hirt (e. f.), bekleidet mit Gamaschen und einer kurzen, gegürteten Tunica mit kurzen Aermeln. Um seinen Hals ist ein Fell geknüpft, welches zu beiden Seiten herabhängt. Auf dem Nacken trägt der Hirt ein Schaf, dessen Füsse er zugleich mit beiden Händen festhält. In den beiden Grotten r. n. l. je ein Schaf, ein viertes n. r.) hinter dem Hirten und ein fünftes, kleineres r. auf der Erde gelagert. In der Grotte r. liegt vor dem Schafe eine Syrinx und r. und l. zu beiden Seiten der Darstellung Gebüsch. Die Schmalseiten des Sarkophages sind glatt. Rohe Arbeit, die gewiss nicht älter als die Constantinische Zeit ist.

137. Ovaler, römischer Sarkophag.

H. 0,54. B. 2,20. T. 0,60. — Griech. Marmor. Der Sarkophag hat sehr gelitten. Deckel fehlt. — Abgebildet: Lasinio R. tav. CXLV (LXII).

Die in Schlangenlinien cannelirte Vorderseite lässt nur in der Mitte in einem oblongen Felde Raum für den Reliefschmuck. Hier befindet sich über einem Stabe ein Médaillon mit dem bekleideten Brustbilde einer Person. Darunter zwei Masken (e. pr.), r. von dem Stabe eine weibliche mit weit geöffnetem Munde, l. eine eben solche männliche. Wo die Rundung des Sarkophages beginnt, befinden sich r. und l., mit einander correspondirend je ein ungeflügelter Erot, mit einer auf der einen Schulter befestigten Chlamys bekleidet. In der einen Hand hält er ein Pedum, in der anderen erhebt er eine Weintraube, nach der ein Hund emporspringt. L. ist die Weintraube abgebrochen. Vgl. zu No. 63. — Die Schmalseiten nur mit dem Spitzhammer behauen.

138. Römischer Ehesarkophag.

H. 0,79. B. 2,15. T. 0,77. — Griech. Marmor. Der Sarkophag hat sehr gelitten. — Deckel fehlt. An der Hinterseite ein Loch, wie für eine Röhre. Spuren von Tünche. — Abgebildet: Lasinio R. tav. CXXXXII.

R. und l. an den Ecken der Vorderseite ein cannelirter korinthischer Pilaster. In einem Mittelfelde stehen vor je einem Parapetasma r. der Mann, bekleidet mit Schuhen, Tunica und Toga, und l. die Frau in Sandalen und einem doppelten Gewande. Sie wendet den Kopf nach dem Manne. Um ihr Haar scheint eine Binde geknüpft zu sein. Die R. ist abgebrochen. In der L. hält sie einen undeutlichen Gegenstand. L. am Boden ein Körbchen und darauf ein Vogel. R. von dem Manne mehrere zusammengebundene Rollen. — Die Schmalseiten sind nur mit dem Spitzhammer zugehauen.

139. Deckelfragment eines (christlichen?) Sarkophages.

H. 0,34. B. 1,17. — Cipollino (?). — Oben r. ist ein schmaler Streifen herausgebrochen. Sehr beschädigt und mehrmals gebrochen. Abgebildet: LASINIO R. tav. LXVIII, 71.

Das Fragment gehörte dem vorn aufrecht stehenden Rande eines Sarkophagdeckels an.

In der Mitte eine quadratische Tafel, welche r. und l. von zwei mit einer Chlamys bekleideten geflügelten Eroten gehalten wird. L. davon ist bergiges Terrain mit zwei Pinienbäumen dargestellt. Auf diesem weiden vier Schafe. Zwei von ihnen fressen von dem Pinienlaub. R. von der ersten Pinie ein Hirt 'e. f. in lockigem Haar, bekleidet mit einem kurzen, doppelt gegürteten Chiton. In der R. hält er einen Stab, auf welchen er seinen l. Arm zur Stütze seines Kopfes gestellt hat. Das l. Bein ist übergeschlagen. R. von der Tafel halten zwei mit einander correspondirende, nach aussen schreitende, geflügelte Eroten ein Parapetasma, das in der Mitte noch einmal aufgenommen ist. L. davor das mit einem doppelten Gewande bekleidete Brustbild einer Frau mit schlichtem, in der Mitte gescheiteltem, zu beiden Seiten herunterfallendem Haar, r. das mit Tunica und Toga (mit laticlavus) bekleidete Brustbild eines Mannes. Beide Köpfe sind im Halbprofil gegen einander gerichtet. Der obere Theil derselben ist weggebrochen. Mann wie Frau halten jeder eine Rolle.

Das Relief entspricht in der Anordnung dem bei DE ROSSI Roma sotterranea I abgebildeten Fragmente.

140. Römischer Sarkophag.

H. 0,75. B. 2,11. T. 0,73. — Griech. Marmor. Der steinerne Deckel kürzer als der Sarkophag, bildet ein giebelförmiges Dach. Sehr schlecht erhalten.

Die Vorderseite ist in Schlangenlinien cannelirt, lässt aber in der Mitte und an zwei Eckfeldern Raum für den Reliefschmuck. In der Mitte in einem Médaillon die bekleideten Brustbilder eines

Ehepaars. L. die Frau, deren Obergewand schleierartig hinter ihr weht. Sie reicht dem bärtigen Manne, r. neben ihr, die r. Hand, während sie den l. Arm um seinen Nacken schlingt. Unter dem Médaillon sitzt l. neben einem Baume ein Hirt (e. pr.) in der Exomis. Er hält ein Schaf (n. r.) bei den Hinterbeinen. R. von ihm ein anderer Mann (e. pr.) n. l. im kurzen, gegürteten Chiton. Er hat das r. Bein übergeschlagen und stützt sich mit dem l. Ellenbogen auf einen Stab. Eine ganz ähnliche Darstellung auf dem als Schlussvignette des Vorwortes im Museum Veronense abgebildeten Sarkophage. Auf dem l. Eckfelde vor einem Parapetasma eine Frau (e. f.) in doppeltem Gewande; auf dem r. Eckfelde ein Mann (e. f.), den Kopf etwas n. l. wendend. Sein Unterkörper ist mit einem Gewande bedeckt, dessen eines Ende im Rücken emporgezogen und über die l. Schulter vorgeworfen ist.

Auf den Schmalseiten in flacherem Relief (vgl. zu No. 12) je ein nach der Vorderseite zu kauernder Greif.

141. Römischer Sarkophag.

H. 0,77. B. 2,22. T. 0,93. — Griech. Marmor. — Deckel fehlt. Das Relief ist sehr verwittert und durch Tünche verdorben; mehrfach gebrochen. In den Schmalseiten Löcher zur Befestigung der Deckelklammern. Auch in der Vorderseite Löcher, wie für Röhren. — Abgebildet: LASINIO R. tav. XXXVII und XXXIX.

Vorderseite: In der Mitte oben eine quadratische Tafel mit der Inschrift:

```
     D  ·   M ·
  T · A E L · AVG ·
  LIB · LVCIFER
   VIBVS ·  SIBI
    POSIIT  (sic!)
```

Die Tafel wird r. und l. von zwei mit einander correspondirenden, schwebenden geflügelten Victorien gehalten, welche den Kopf nach aussen wenden. Bekleidet sind sie mit einem langen, gegürteten Chiton mit Ueberschlag, der von der einen Schulter herabgesunken ist. Auf der einen Seite schlägt der Chiton aus einander und lässt ein Bein hervorsehen. Das wellige, zurückgestrichene Haar ist hinten in einen Knoten zusammengebunden. An den Ecken je ein nach aussen schreitender, nackter, geflügelter Erot mit lockigem Haar, den Kopf zurückwendend und eine Blattguirlande mit flatternden Bändern haltend. Unter der Tafel eine mit Früchten und Blättern gefüllte Vase und r. und l. davon in symmetrischer Anordnung gegen einander gekehrt zwei sitzende, trauernde Jünglingsgestalten. Sie tragen Stiefel, einen kurzen Chiton mit Ueberschlag und kurzen Aermeln. Die eine Hand liegt auf dem Knie des eingezogenen Beines. Auf der Hand ruht der Ellenbogen des anderen Armes, zur Stütze des Kopfes. Der Mund öffnet sich wie klagend. Vor den Jünglingen (unter den Victorien) je ein Füllhorn mit Früchten.

Auf beiden Schmalseiten in flacherem Relief (vgl. zu No. 12) je zwei gegen einander gekehrte, kauernde Greife mit Beutel an der Brust.

142. Torso einer weiblichen Gewandstatuette.

H. 0,86. — Feinkörniger Marmor. Kopf fehlt. — Die sehr schlecht erhaltene Figur ward 1871 bei der Ueberschwemmung des Arno in der Nähe von Ponte di Mezzo und der Kirche S. Cristina, als man eine Ufermauer des Flusses wiederherstellte, gefunden.

Auf einer schmalen, viereckigen Basis erhebt sich die auf beiden Füssen ruhende Figur. Sie ist bekleidet mit dem langen, gegürteten Chiton ohne Aermel. Um die Brust gehen Kreuzbänder, die in der Mitte durch eine Agraffe zusammengehalten werden. Ueber den Chiton ist eine Chlamys eng um den Körper gelegt, im Rücken emporgezogen und über die l. Schulter vorgeworfen. Die R. liegt dicht am Körper an. R. Ober- wie Unterarm sind mit Armbändern geschmückt, in der r. Hand ein unkenntlicher Gegenstand. Auch in der herabhängenden L., welche das eine Ende der Chlamys am Körper festzuhalten scheint, ein undeutlicher Gegenstand, wie eine kurze runde Flasche oder eine Frucht. — Ziemlich rohe Arbeit.

143. Sarkophag.

H. 0,41. B. 1,89. T. 0,54. — Griech. Marmor. — Sehr beschädigt. Der steinerne Deckel nicht zugehörig.

In der Mitte eine viereckige Tafel mit verziertem Rande. Dieselbe wird r. und l. von zwei symmetrisch schwebenden, nackten geflügelten Eroten gehalten, welche den Kopf zurückwenden. Unter jedem eine umgestürzte Vase mit Blumen. R. und l. an den Ecken je ein nackter, geflügelter Erot, jedoch nur zum Theil erhalten. — Die Schmalseiten nur mit dem Spitzhammer zubehauen. Schlechte, unbedeutende Arbeit.

144. Sarkophag.

H. 0,66. B. 2,01. T. 0,72. — Griech. Marmor. — Deckel nicht zugehörig. Schlecht erhalten.

Die Vorderseite ist mit Ausnahme eines Mittelfeldes in Schlangenlinien cannelirt. In letzterem erhebt sich auf zwei Säulen eine Aedicula (Architrav weggemeisselt und dafür eine mittelalterliche Inschrift angebracht). In derselben stand vermuthlich früher eine Figur, wie aus dem erhaltenen Fragmente des Postamentes zu schliessen ist. Die Figur ist aber weggebrochen und an ihre Stelle ein mittelalterliches Wappen gekommen. An beiden Ecken der Vorderseite je eine Säule. Die Schmalseiten glatt.

145. Ovaler Sarkophag.

H. 0,88. — Griech. Marmor. Deckel fehlt. — Sehr schlecht erhalten. Abgebildet: Lasinio R. tav. CXLV (LXXII).

Die Vorder- und beide Schmalseiten sind in Schlangenlinien cannelirt. Wo die Rundung beginnt, r. über einem Postament zwei schwebende geflügelte Eroten und darüber das mit Tunica und Toga bekleidete Brustbild eines Mannes, l. über einem gleichen Postament zwei stehende geflügelte Eroten mit Füllhorn und Fruchtkorb, und darüber das bekleidete Brustbild einer Frau, nur fragmentarisch erhalten, wie auch die beiden Eroten unter ihr.

146. Sarkophag mit Hadesthür.

H. 0,99. B. 2,14. T. 1,02. — Griech. Marmor. — Deckel fehlt. Im Boden zwei grosse quadratische Löcher, sonst ziemlich gut erhalten. — Abgebildet: Lasinio R. tav. XXI u. XXII: »stava nell' andito della soppressa Abbazia Camaldolense, oggi Cura d'anime di S. Michele in Borgo di Pisa«.

Die in Schlangenlinien cannelirte Vorderseite lässt in einem Mittel- und zwei Eckfeldern Raum für den Reliefschmuck. In der Mitte erheben sich auf einer Basis zwei runde, glatte Säulen mit Blättercapitälen, die einen Giebel mit Palmettenakroterien tragen. An der Spitze des Giebels ein Kreuzchen, ebenso im Tympanon, doch nicht in der Mitte, so dass es scheint, als sei hier etwas anderes weggemeisselt. Zwischen beiden Säulen eine Thür mit zwei Flügeln, von denen der l. ein wenig geöffnet ist. Dass die Hadesthüren gemeint sind, geht auch aus einem Florentiner Sarkophagrelief im Hofe des Palazzo Riccardi hervor, woselbst aus der etwas geöffneten Thür Hermes Psychopompos tritt. Auf dem Pisaner Sarkophage befinden sich auf jedem Thürflügel zwei Felder, in denen je ein mit Chlamys bekleideter Erot (e. f.) steht, in der einen Hand den Bogen haltend, mit der andern über der Schulter ein gefülltes Körbchen erhebend. Mit Recht hat PETERSEN Ann. d. I. 1863 p. 219 darauf hingewiesen, dass die vier Eroten mit gefüllten Körbchen die vier Jahreszeiten bedeuten. Sie sind hier ohne specielle Attribute dargestellt; der Nachdruck liegt dann also auf dem Gedanken des regelmässigen Kreislaufes in der Natur. Die Todespforten öffnen sich, wenn der Kreislauf der Jahre erfüllt ist. Vgl. zu No. 124 und No. 58. Die Eckfelder sind von den Canneluren durch je eine glatte, runde Säule mit Blättercapitäl getrennt. L. steht auf einem Postament die Frau, r. auf einem ebensolchen Postament der Mann. Die Figuren stehen vor einem Parapetasma, das so gebildet ist, als ob es hinter der Wand der Vorderseite durchgezogen sei. Die Frau ist bekleidet mit Sandalen, einer langen Tunica, Obergewand und einer Haube Ihr gewelltes Haar ist in der Mitte gescheitelt und auf beiden Seiten zurückgestrichen. Den Kopf wendet sie etwas n. r. (r. Arm abgebrochen). Die L. liegt an der Brust. Der Mann (e. f.) ist bekleidet mit Schuhen, Tunica und Toga. Arme und ein Theil des Kopfes sind abgebrochen. R. neben ihm am Boden ein in der Mitte zusammengeschnürtes Bündel Rollen.

R. Schmalseite. Ein nach der Vorderseite zu über eine Vase wegspringender Pegasos. Ueber Pegasos als Apotropeion vgl. STEPHANI Compte-rendu 1864 p. 44.

L. Schmalseite. Zwei gegen einander gekehrte, kauernde Greife. Zwischen ihnen steht eine brennende Fackel (bei LASINIO fälschlich ein Candelaber, also auch kein θυμιατήριον, wie STEPHANI Compte-rendu 1864 p. 107 vermuthet).

147. Sarkophag.

H. 0,53. B. 1,91. T. 0,57. — Griech. Marmor. — Ohne Deckel. Im Innern des Sarkophages eine Erhöhung für den Kopf und an der entgegengesetzten Seite ein Loch für eine Röhre.

Vorderseite. An beiden Ecken spiralförmig cannelirte

Säulen. In der Mitte zwei cannelirte Pilaster und dazwischen eine Tafel mit mittelalterlicher Inschrift. Der übrige Theil in Schlangenlinien cannelirt. Auf beiden Schmalseiten je ein runder, genabelter Schild, hinter welchem oben r. und l. die Spitzen zweier sich kreuzender Lanzen hervorsehen.

148. Christlicher (?) Sarkophag.

H. 0,73. T. 0,81. B. 2,03. — Ital. Marmor. — Der steinerne Deckel ist ein giebelförmiges Dach, das vorn in der Mitte einen Aufsatz und r. und l. Palmettenakroterien hatte. Sämmtliche drei Stücke zum Theil abgebrochen. — Abgebildet: LASINIO R. tav. XXIII.

R. und l. an den Ecken der Vorderseite eine glatte, runde Säule mit Blättercapitäl. In einem Mittelfelde, welches r. und l. von zwei, durch Archivolt verbundenen korinthischen Pilastern begrenzt ist, ein Hirt (e. f.) in der gegürteten Exomis. Er hat lockiges Haar. Seine bis ans Knie reichenden Stiefel (?) sind von derselben Bildung wie bei dem treuen Hirten auf einem Katakombenfresco bei DE ROSSI Roma sotterranea II tav. d'agg. A, und auf einem Relief bei CLARAC Mus. II p. 122, 64. Der Hirt trägt ein Schaf auf dem Rücken und hält die Beine desselben mit beiden Händen fest. Das Schaf hat ein Halsband. R. und l. neben ihm eine Pinie und drei andere Schafe. Auf beiden Nebenseiten je zwei sich kreuzende, sechseckige, längliche Schilde, mit Arabesken verziert. Hinter den ausgerundeten Schmalseiten der Schilde sehen die Spitzen zweier sich kreuzender Lanzen hervor, und in der Mitte eine aufrecht stehende Axt.

• Ueber das Vorkommen des Hirten auch auf heidnischen Sarkophagen vgl. DE ROSSI a. a. O. II p. 354 und BOTTARI Roma sotterr. I p. 104 f. III p. 166.

VI. Südcorridor.

No. 149—165.

149. Ovaler Sarkophag.

H. 0,66. — Griech. Marmor. Sehr gut erhalten. An dem Deckel eine mittelalterliche Inschrift. — Abgebildet: LASINIO R. tav. LI: »stava nella soppressa Chiesa di S. Zenone. In questa funebre cassa riposano l'ossa venerabili di Benedetto da Forli, Generale dell' Ordine Camaldolense e Abate del referito Monastero di S. Zeno, morto nel 1443.« — Erwähnt: MORRONA II p. 341.

R. und l. an der Vorderseite zwei geflügelte Eroten, mit einander correspondirend, in kurzer gegürteter Tunica, über der Schulter die Enden einer im Bogen herabhängenden, schweren Guirlande Pinienzapfen, Weintrauben, Weinlaub, Mohn, Granatäpfel erhebend. Darüber ein Kelch, aus dem r. und l. ein Vogel mit krummem Schnabel nippt. Unter der Guirlande zwei Hähne, welche herabgefallene Beeren begierig aufpicken. Zwischen den Füssen eines jeden Eroten liegt ein Schaf. Da, wo die Rundung der Vorderseite beginnt, r. und l. oben der Kopf eines Löwen, in deren aufgerissenem Maule das Fragment eines Ringes erhalten ist. Die Schmalseiten sind in Schlangenlinien cannelirt.

150. Römischer Hochzeitsarkophag.

H. 0,84. B. 2,06. T. 0,87. — Griech. Marmor. — Deckel fehlt. Das Relief hat sehr gelitten. — Abgebildet: LASINIO R. tav. LXXXIX. Besprochen: ROSSBACH Röm. Hochzeits- und Ehedenkmäler p. 17 f.

Vorderseite. An den Ecken r. und l. eine spiralförmig cannelirte, korinthische Säule, in der Mitte über einem Postament zwei cannelirte korinthische Pilaster (unterer Theil der Cannelluren ausgefüllt), welche ein Giebeldach tragen. An den Ecken desselben Palmettenakroterien und zu beiden Seiten je ein Triton, in symmetrischer Anordnung. Der l. bläst in ein Muschelhorn. Von dem r. Kopf und Arme weggebrochen. In der durch Pilaster und Giebel angedeuteten Halle steht das Ehepaar, l. der Mann, r. die Frau. Von Beiden sind die Köpfe. dem Manne der r. Arm abgebrochen. Der Mann ist bekleidet mit Schuhen, Tunica und Toga. Die Frau trägt Ober- und Untergewand und Schuhe. Hinter ihnen steht Juno Pronuba, die das Obergewand wie einen Schleier über den Kopf gezogen hat. Sie legt die Hände auf die Schultern des Ehepaares; wahrscheinlich reichte der Mann der Frau die R. Vor dem Paare hat sich der nackte Torso eines Hymenaios erhalten. Der übrige Theil der Vorderseite, r. und l. von der Mittelgruppe ist durch je eine Tafel mit Canneluren in Schlangenlinien ausgefüllt. — Auf den Schmalseiten die Umrisse je eines grossen, runden, genabelten Schildes, hinter welchem vier kleinere Schilde, die Spitzen zweier gekreuzter Lanzen und ein zwischen denselben aufrecht stehendes Beil hervorsehen.

Ein ähnlicher Schmuck der Schmalseiten eines römischen Hochzeitsarkophages in Rom im Hofe des Palazzo Verospi am Corso (als Brunnentrog benutzt). ROSSBACH, der (a. a. O. p. 169 ff.) die Vorderseite jenes Sarkophages beschreibt, sagt: »die Kurzseiten lassen sich leider nicht erkennen, da an ihnen Steine aufgehäuft sind.« Man bemerkt indess deutlich auf der l. Seite einen Schild und eine darunter hervorsehende Lanze, während auf der r. Seite, wo aber natürlich derselbe Gegenstand dargestellt war, nur an der oberen Ecke noch die Spitze einer Lanze zu erkennen ist.

151. Römischer Ehesarkophag.

H. 0,57. B. 2,04. T. 0,82. — Griech. Marmor. — Deckel fehlt. Das Relief mehrfach bestossen. An den Schmalseiten mit Kalk verputzte Löcher für die Deckelklammern. — Abgebildet: LASINIO R. tav. XXV. Erläutert: ROSSBACH Römische Hochzeits- und Ehedenkmäler p. 13 f. Erwähnt: MORRONA P. i. II p. 348.

Vorderseite. Durch zwei Pilaster mit korinthischen Capitälen sowie vier spiralförmig cannelirte korinthische Säulen, von denen die beiden mittelsten durch einen ornamentirten Giebel mit Palmettenakroterien, die übrigen durch ebenso ornamentirte Archivolten verbunden sind, entstehen auf der Vorderseite fünf Hallen, in denen je ein Parapetasma aufgehängt ist. In der mittelsten steht ein römisches Ehepaar, r. der Mann (e. f.), bekleidet mit Schuhen, Tunica mit langen Aermeln und Toga (Kopf abgebrochen), l. die Frau, die v. l. auf ihn zugeschritten ist und die L. auf seine l. Schulter legt. Sie ist bekleidet mit Schuhen, einer langen, gegürteten Tunica mit langen Aermeln und einem Obergewande, welches schleierartig über den Kopf gezogen ist. Das Gesicht ist abgebrochen. Der Mann reicht der Frau die R., während er in der L. eine Rolle, die »tabulae nuptiales« hält. Ueber dem Giebel schweben r. und l. mit einander correspondirend zwei Eroten, der l. mit aufwärts gehaltener brennender, der r. mit abwärtsgekehrter, verlöschender Fackel. In den übrigen vier Hallen je ein Erot als Repräsentant der Jahreszeiten. Sie tragen mit Ausnahme des Winters eine auf der r. Schulter befestigte Chlamys. Der Frühling in der ersten Halle l. hält in der R. einen Hasen bei den Hinterläufen in die Höhe, in der L. hält er ein mit Blumen gefülltes Körbchen von Rohrgeflecht. In der Halle r. daneben der Sommer, in der L. eine Garbe, in der R. eine Sichel haltend. In der Halle r. von dem Ehepaar der Herbst, in der gesenkten R. eine Weintraube tragend, während er mit der L. den Saum seiner Chlamys erhebt, in deren Bausch Früchte liegen. In der äussersten Halle r. der Winter, bekleidet mit Unter- und Obergewand. Letzteres ist über den Kopf gezogen. In der gesenkten L. hält er eine Ente bei den Füssen. Auf den Capitälen der Säulen je ein geflügelter, nackter Erot. Die Eroten über den Pilastercapitälen sind sehr zerstört. Die Eroten auf dem 2. und 5. Capitäl v.l. halten in der einen Hand ein Pedum. — ROSSBACH a. a. O. p. 13: »dextrarum junctio von Ehegatten, aber weder in Bezug auf die Hochzeit noch auf den Tod . . . . . nur allgemeines Symbol der mutua caritas.«

Ueber die Darstellung der Jahreszeiten auf Sarkophagen vgl. PETERSEN Ann. d. I. 1861 p. 204 und zu No. 124.

Auf beiden Schmalseiten in flacherem Relief (vgl. zu No. 12) ein nach der Vorderseite zu schreitender Panther, der eine Vordertatze auf eine Vase gelegt hat.

152. Römischer Sarkophag.

H. 0,53. B. 2,12. T. 0,66. — Griech. Marmor. — Glatte, steinerne Deckplatte. An den Schmalseiten je ein mit Kalk verputztes Loch. — Abgebildet: LASINIO R. tav. XXIX: »esisteva nel Cimiterio di S. Pietro in vinculis in Pisa«.

In der Mitte ein Médaillon mit einem modernen Wappen, gehalten r. und l. von zwei mit einander correspondirenden, geflügelten Victorien, bekleidet mit einem langen, über den Achseln zugenestelten Chiton mit Ueberschlag. Das wellige Haar ist zurückgestrichen und mit einem um den Kopf gehenden Bande in einen Knoten zusammengebunden. Unter jeder Victorie liegt ein Palmenzweig. An beiden Ecken der Vorderseite je ein korinthischer Pilaster. Auf der r. Schmalseite die Umrisse zweier ovaler Schilde und dahinter zwei sich kreuzende Lanzen. Die l. Schmalseite ist glatt.

B. Innere Wand.

153. Ovaler Sarkophag.

H. 0,91. T. 0,91. — Griech. Marmor. — Auf der l. Schmalseite unten ein grosses Loch wie für eine Röhre und auf beiden Seiten oben ein kleineres zur Befestigung der Deckelklammern. — Abgebildet: Lasinio R. tav. CXLV (LXXXIII).

An den drei Hauptseiten Canneluren in Schlangenlinien. R. und l. da, wo die Rundung beginnt, je ein Löwenkopf in Hochrelief, mit einem Ringe im Maule.

154. Ovaler Sarkophag.

H. 0,90. T. 0,90. — Griech. Marmor. — An der l. Schmalseite ein Loch, wie für eine Röhre. — Abgebildet: Lasinio R. tav. CXLV XLIII: »sepolcro in marmo del medio evo«.

Auf der Vorderseite senkrechte Canneluren, deren unterstes Drittel ausgefüllt ist. Auf den gerundeten Schmalseiten r. und l. je ein nach der Vorderseite zu springender Löwe in Hochrelief, ein auf den Boden gestürztes Rösslein zwischen den Vordertatzen haltend. Die Schwanzbüschel haben die Form eines Baumzweiges.

155. Sarkophag.

H. 0,37. B. 2,01. T. 0,50. — Ital. Marmor. — Die Deckelplatte von griech. Marmor ist nur mit dem Spitzhammer zubehauen. — Abgebildet: Lasinio R. tav. CXLV (XLIV).

Vorderseite: In der Mitte eine Tafel mit profilirtem Rande, deren Schmalseiten zu Keilen ausbiegen. Auf der Tafel eine mittelalterliche Inschrift. Die Tafel wird r. und l. von zwei mit einander correspondirenden, nackten, geflügelten Eroten gehalten, unter denen je ein Köcher und Bogen liegt. Unter der Tafel eine Guirlande mit flatternden Bändern, mit zwei Ringen an den unteren Ecken der Tafel befestigt. R. und l. an den Ecken der Vorderseite je ein nackter, geflügelter Erot (e. f.), mit beiden Händen eine brennende, aufrechte Fackel haltend. Auf beiden Schmalseiten ein nach der Vorderseite zu kauernder Greif mit Beutel an der Brust.

156. Römischer Sarkophag.

H. 0,91. B. 2,19. T. 1,0. — Griech. Marmor. — Sehr zerstört. Auf den Schmalseiten je zwei mit Kalk verputzte Löcher. In der l. Schmalseite ein Loch wie für eine Röhre. — Abgebildet: Lasinio R. tav. CXXV.

Vorderseite. In der Mitte ein Médaillon mit den bekleideten Brustbildern eines römischen Ehepaars. L. die Frau, r. der Mann, sich anblickend. Der Mann hält in der L. eine Rolle. Die Frau legt den l. Arm über die l. Schulter des Mannes, mit der R. scheint sie nach der Rolle »tabulae nuptiales« zu weisen. Darunter zwei sich kreuzende, mit Bändern zusammengebundene Füllhörner mit Blumen und Früchten. Auf beiden Eckfeldern je ein Jüngling (e. f.), bekleidet mit einer auf der r. Schulter geknüpften Chlamys. Zu ihren Füssen ein Hund. Sie halten mit der einen, erhobenen Hand ein gefülltes Körbchen, mit der andern einen Zweig. Vgl. zu No. 63. — Die Schmalseiten nur mit dem Spitzhammer zugehauen.

157. Sarkophag.

H. 0,86. B. 2,0. T. 0,89. — Griech. Marmor. — Das Relief sehr zerstört. Im Innern ist der obere Rand erhöht; also griff der Deckel über.

An beiden Ecken der Vorderseite cannelirte Pilaster. In der Mitte eine Tafel mit Inschrift, wol an Stelle eines früher dort vorhandenen Bildwerkes. Der übrige Theil in Schlangenlinien cannelirt. Auf beiden Schmalseiten die Umrisse je zweier, mit Arabesken verzierter sechseckiger Schilde die Ecken ausgerundet), hinter denen zwei Speere und eine Doppelaxt hervorsehen.

158. Ovaler, römischer Sarkophag.

H. 1,0. T. 1,13. — Ital. Marmor. Deckel fehlt. — Abgebildet: LASINIO R. tav. VIII.

Die Vorderseite in Schlangenlinien cannelirt. In der Mitte steht über einem Pilaster ein mittelalterliches Wappenschild. Auf den gerundeten Schmalseiten je ein Löwe in Hochrelief, ein zusammengesunkenes Rösslein in den Vordertatzen haltend. Hinter dem Löwen ein Jüngling, nach der Vorderseite zu schreitend, in lockigem Haar. Er trägt einen kurzen Chiton, eine auf der Schulter mit Spange befestigte Chlamys und eine eng anliegende Fussbekleidung. Mit der einen Hand greift er über den Rücken des Löwen.

Die Annahme L. STEPHANI's Compte-rendu 1867 p. 156), dass es sich bei Sarkophagdarstellungen von Löwen, welche Eber, Pferd, Reh, Stier, Steinbock oder Widder überwältigen, um die venationes des Amphitheaters handelt, ist gewiss richtig, wenn die Löwen Gurte um den Leib tragen, wie hier, oder von ihren Wärtern begleitet sind. Auf der l. Schmalseite steht hinter dem Wärter ein Baum.

159. Viereckige Aschenurne (antik!).

H. 1,0. B. 0,51. T. 0,51. — Ital. Marmor. — Ohne Deckel. Abgebildet: LASINIO R. tav. CXLIX, 12: »stava in S. Carlo«. — Auf den Schmalseiten je zwei Löcher (zur Befestigung der Deckelklammern?).

Die Aschenurne ist auf den vier Seiten architektonisch reich verziert und ruht auf einem cannelirten, runden Fusse. Auf der l. Nebenseite ist die Verzierung nicht ganz ausgeführt.

160. Halbkreisförmiger Sarkophag.

H. 0,91. B. 2,14. T. 0,84. — Marmor.

Die Vorderseite ist in Schlangenlinien cannelirt. In der Mitte, wo die Cannelureu auseinandertreten, steht ein Hirt (e. f.) in der gegürteten Exomis und einer bis an die Knie reichenden Fussbekleidung, ein Schaf auf seinem Rücken tragend. Das l. Bein ist übergeschlagen. R. und l. neben ihm ein Hund. An den Ecken der Vorderseite r. und l. auf hohen Postamenten je ein geflügelter Erot, mit einer über der Schulter befestigten Chlamys. Sie neigen ihr Haupt, haben den einen Fuss übergeschlagen und halten in der einen Hand eine gesenkte Fackel nebst einem Kranze (corona sutilis?), während sie die andere Hand auf den Rücken legen.

161. Römischer Ehesarkophag.

H. 0,49. B. 1,49. T. 0,50. — Marmor. — Der steinerne Deckel ein giebelförmiges Dach. — Abgebildet: LASINIO R. tav. XVII. Erwähnt: MORRONA II p. 295 f. Erläutert: ROSSBACH Römische Hochzeits- und Ehedenkmäler p. 172.

Vorderseite. In der Mitte zwei glatte, runde Säulen mit Blättercapitälen, welche durch einen Archivolt verbunden sind und so eine Halle bilden. In derselben auf einem viereckigen Postament Eros und Psyche. Eros hat die R. auf Psyche's Schulter gelegt, mit der L. berührt er ihre Wange. Psyche (mit Schmetterlingsflügeln) n. r. trägt einen gegürteten, langen Chiton und ein Obergewand, das unter den Hüften zusammengeknüpft ist. L. Bein übergeschlagen. Die R. legt sie an den Leib des Eros. Ueber dem Capitäl der l. Säule Helios mit seinem Viergespann aus den Fluthen steigend. Ueber dem r. Capitäl Selene, hinabsteigend. Ueber ihren Pferden schwebt der geflügelte Hesperos. Ueber dem Gespanne des Helios schwebt kein Phosphoros, wie ROSSBACH (a. a. O. p. 172 meint, und ist auch nichts weggebrochen. R. und l. von der Halle spiralförmige Canneluren, die nur an beiden Ecken je ein Feld für den Reliefschmuck frei lassen. L. vor einem Parapetasma eine Frau (e. f.) in gegürteter Tunica mit langen Aermeln. Das Obergewand, das mit dem einen Ende über der l. Schulter aufliegt, ist in der Gegend der Hüfte vorgenommen und über den l. Arm geschlagen. Das wellige Haar ist zurückgestrichen und hinten in einen Knoten gebunden. R. hinter der Frau ein Mädchen (e. f.) in gegürtetem Chiton und vor ihr ein portativer Altar in Karyatidenform, auf dem eine Flamme brennt. In der L. scheint die Frau über dem Altar eine acerra gehalten zu haben, doch sind beide Hände abgebrochen. In dem r. Eckfelde steht vor einem Parapetasma ein Mann in Tunica und Toga, ohne Fussbekleidung und vor ihm ein portativer Altar, ebenso wie der l. gebildet. Beide Hände sind abgebrochen.

Auf beiden Schmalseiten in flacherem Relief (vgl. zu No. 12) je ein nach der Vorderseite zu kauernder Greif.

162. Römischer Sarkophag mit Hadesthüren.

H. 0,54. B. 2,11. T. 0,54. — Griech. Marmor. — Im Innern des Sarkophages eine Erhöhung für den Kopf. — Abgebildet: LASINIO R. tav. CXLV, LI.

An beiden Ecken der Vorderseite je eine cannelirte korinthische Säule. In der Mitte zwei ebensolche niedrigere Säulen, auf denen ein dreigliedriger Architrav mit Giebeldach ruht. Im Tympanon ein Kranz mit flatternden Bändern. An den Ecken des Giebels Palmettenakroterien. Zwischen den Säulen über drei Stufen eine Flügelthür; der l. Flügel ist ein wenig geöffnet. Auf den Thüren vier Felder mit Reliefschmuck, von denen die beiden oberen und die beiden unteren mit einander correspondiren. Unten ein Erot mit gesenkter Fackel, das eine Bein übergeschlagen. Vielleicht hielt er einen Kranz in der Hand. Auf den beiden oberen Feldern je ein geflügelter Erot (e. pr.), schnell ausschreitend, in der einen Hand den Bogen haltend, die andere erhebend (vielleicht nach einem auf dem Rücken hängenden Köcher greifend?). Der übrige Theil der Vorderseite ist spiralförmig cannelirt. — Vgl. zu No. 146. — Auf beiden Nebenseiten die Umrisse zweier ovaler, oben zugespitzter Schilde mit dem stilisirten Ornamente des Donnerkeils, und dahinter zwei gekreuzte Lanzen und eine zwischen ihnen stehende Axt.

163. Römischer Sarkophag. Jagd.

H. 0,73. T. 0,90. B. 2,23. — Ital. Marmor. — Der untere Theil abgebrochen. Durchgängig sehr beschädigt. Der steinerne Deckel bildet ein giebelförmiges Dach. An den Schmalseiten je zwei grosse Löcher. Der Grundriss des Sarkophages ist nicht genau rechtwinklig; r. Schmalseite bildet mit der Vorderseite einen spitzen Winkel. — Abgebildet: LASINIO R. tav. CXXIV. Erwähnt: MORRONA P. i. II p. 255.

An der l. Ecke ein Baum. Dann ein Hirsch (n. l.) und unter ihm ein von einem Hunde verfolgter Hase (n. l.), der über Gebüsch wegsetzt. Mehr im Hintergrunde ein Reiter (n. l.) in gegürtetem, kurzen Chiton und einer Pelzkapuze »cucullus«), die auf der Brust zusammengeknöpft ist. Er erhebt in der R. einen Speer gegen ein vor ihm sich aufbäumendes Thier (Hirsch?), von dem jedoch nur der Kopf sichtbar ist. Hinter ihm her jagt r. von einem Baum ein anderer Jäger (n. l.). Er wendet den Kopf zurück und erhebt die R., wie um seinem Genossen hinter ihm zuzurufen. Bekleidet ist er mit einem kurzen, gegürteten Chiton, seine Kapuze ist vom Kopfe herabgesunken. Vor ihm im Vordergrunde Gebüsch, ein von einem Hunde (n. l.) angegriffenes Thier (Reh?) n. l. und r. davon ein am Boden liegendes todtes Schwein (n. r.). R. davon im Hintergrunde ein dritter Jäger zu Pferde (n. l.) in kurzem, gegürteten Chiton und einer Chlamys. Der r. Arm (abgebrochen) war erhoben, auch die l. Hand. Vor ihm ein am Boden liegender todter Eber (n. r.). In der Mitte der Vorderseite der Verstorbene als Jäger n. r. zu Pferde auf einem Löwenfell als Sattel. Er trägt einen kurzen gegürteten Chiton mit Aermeln, die flatternde Chlamys ist auf der r. Schulter befestigt. R. Arm abgebrochen. Wahrscheinlich schleuderte er den Speer gegen den v. r. über Gebüsch und ein am Boden liegendes Thier wegsetzenden Eber, der auch von einem Hunde n. r. mit Halsband angegriffen wird, während ihm ein anderer Hund auf den Nacken springt. R. davon zwischen zwei Bäumen ein Reiter, bekleidet mit einem kurzen, gegürteten Chiton und einer flatternden Chlamys, die auf der r. Schulter mit Spange befestigt ist. (Kopf des Pferdes abgebrochen). Die L. des Reiters kommt sehr ungeschickt auf der r. Seite des Pferdes zum Vorschein. Dann r. ein fünfter Jäger (n. r.) zu Pferde. Durch sein Haar scheint ein Band zu gehen. Er trägt einen kurzen, gegürteten Chiton und eine auf der r. Schulter geknüpfte

Chlamys. An seiner Seite der Rest eines Schwertes erhalten. R. Arm (abgebrochen) war erhoben. R. davon ist ein Hirsch (n. r.) zwischen Gebüsch niedergestürzt und wird von hinten von einem Hunde mit Halsband (n. r.) gepackt. Ueber ihm erscheint im Hintergrunde ein bärtiger Jäger zu Pferde (n. r.) in kurzem, gegürteten Chiton und einer flatternden Chlamys, den Kopf n. l. wendend. In der erhobenen R. schwingt er einen Speer gegen den Hirsch. An der r. Ecke ein Baum.

R. Schmalseite. Auszug zur Jagd. V. r. eilt zwischen zwei Pinien hindurch ein Mann, bekleidet mit dem kurzen, gegürteten Chiton und einer Pelzkapuze, die aber vom Kopfe gesunken ist. In der R. hält er eine Lanze, in der L. an einem Stricke zwei n. l. springende Hunde mit Halsbändern. Ueber diesen im Hintergrunde der Oberkörper eines Mannes (n. r., in gegürtetem Chiton und einer Kapuze (cucullus), die vom Kopfe herabgesunken ist. Er erhebt die r. Hand und wendet den Kopf n. r. zurück. Vor ihm l. ein niedriger Baum.

L. Schmalseite. Nach der Jagd. L. ein Lorbeerbaum (?), an dessen einem Aste vermittelst einer Schlinge ein Hund am Halsbande angebunden ist. Der Hund (n. r.) will sich losreissen, wird aber von einem Manne (n. r.) hinter ihm zurückgehalten. Dieser trägt hohe Fussbekleidung, einen kurzen, gegürteten Chiton und einen mit Pelz verbrämten Cucullus, der vom Kopfe herabgesunken ist. In der L. hält er einen Jagdspeer. R. wieder ein Baum, in dessen Zweigen ein todter Hase aufgehängt ist. L. davor sitzt ein Hund mit Halsband, dessen Strick mit einer Schlinge um den Baumstamm gebunden ist. Er erhebt den Kopf nach dem Hasen. Neben ihm ein Mann (n. r.) mit hoher Fussbekleidung, kurzem, gegürteten Chiton und einem über den Kopf gezogenen Cucullus. Er scheint sich mit einem an dem Baume befestigten Jagdnetze zu beschäftigen.

164. Ovaler Sarkophag.

Deckel fehlt. Sehr beschädigt. — Abgebildet: LASINIO R. tav. CXLV LIII.

Die Vorderseite ist spiralförmig cannelirt. Wo die Cannelluren oben ein wenig auseinandertreten, steht ein Hirt (e. f., mit Fussbekleidung und kurzem, gegürteten Chiton, ein Schaf auf dem Rücken tragend. R. und l., wo die Rundung beginnt, ein trauernder Erot mit gesenkter Fackel, das eine Bein übergeschlagen. In der einen Hand hält er einen Kranz, die andere ist auf die entgegengesetzte Schulter gelegt.

165. Sarkophag.

H. 0,44. T. 0,63. B. 1,57. — Ital. Marmor. Abgebildet: Lasinio R. tav. XLI.

Die Seiten des Sarkophages sind glatt; oben und unten ein profilirter Rand. Der Deckel ist ein hohes, giebelförmiges Dach, dessen Vorderseite mit zwei Reihen Ziegeln gedeckt ist. In den Giebelfeldern der Nebenseiten je ein Lorbeerkranz mit flatternden Bändern. Vorn an beiden Ecken je eine tragische Maske mit langen Locken, weit geöffnetem Munde und grossen Augenlöchern, als Akroterien: die Akroterien der zwei hinteren Ecken sind glatt.

VII. Der Hof.

No. 166—167.

Im Hofe des Campo Santo selbst stehen zwei sehr zerstörte, runde Altäre auf viereckigen Basen und mit aufliegenden Platten.

Bei No. 166 (abgebildet Lasinio R. tav. XV. H. 1,05. Basis B. 1.22) ist die obere Platte an den Ecken abgestumpft und es befinden sich darunter in Hochrelief vier Köpfe: drei unter einander verschiedene Köpfe und ein Hundekopf(?).

Der andere Altar No. 167 (abgebildet Lasinio R. tav. XI. H. von der Basis an 0,99) hat am runden Stamme vier Köpfe in Hochrelief: Stier (Hörner abgebrochen), Widder, Löwe und Wolf.

VIII. Bei Lasinio abgebildet:

No. 168—70.

Bei LASINIO abgebildet, in der Sammlung des Campo Santo aber nicht mehr vorhanden sind:

168. Bronzekästchen.

Vorder- und Nebenseite abgebildet: LASINIO R. tav. XXIV: »profumiere antico di bronzo storiato«. Vollständiger, aber ungenau bei MONTFAUCON Ant. expl. vol. III t. LIV: »tirée du cabinet de M. Foucault«. — Hier findet sich auch der zugehörige Deckel und die Thierfüsse, auf denen das Kästchen ruht, abgebildet.

Vorderseite: In der Mitte das halb bekleidete Brustbild eines Mannes in reichem lockigen Haar, eingerahmt von zwei mit den Spitzen unten zusammengebundenen Füllhörnern, die r. und l. von einem herangaloppirenden Kentauren gehalten werden. Der Kentaur l. (n. r.) ist älter und bärtig. Mit der R. hält er eine auf seinem Rücken sitzende Jungfrau (Bakchantin?), deren Gewand im Bogen flattert, fest. Unter ihm liegt eine Lyra. Der Kentaur r. (n. l.) ist jugendlich und hat lange Locken. Die auf seinem Rücken sitzende Jungfrau (Bakchantin?) ist mit einem Gewande bekleidet, welches Brust und Leib entblösst lässt. Mit der L. hält sie einen runden Gegenstand, wie ein Tympanon, fest. Unter dem Kentauren eine Syrinx mit flatternden Bändern. — Auf den Schmalseiten an den oberen Ecken je ein halbes Bukranion, von deren Hörnern eine Guirlande von Eichenlaub mit flatternden Bändern im Bogen herabhängt. Darüber ein vierfach geflügeltes Gorgoneion, dessen Haare von Schlangen durchzogen sind. Auch unter dem Kinne zwei zusammengeknüpfte Schlangen.

169. Griechische Vase. Rothe Figuren auf schwarzem Grunde.

Abgebildet: LASINIO R. tav. XXX: »vaso etrusco di creta con ornati e figure a colori, ritrovato in uno scavo fatto nel Regno di Napoli, di proprietà del Signor Conservatore Lasinio«.

Die zweihenklige Vase ruht auf einem runden, schmalen Fusse. Unter dem oberen Rande sowie da, wo die Ausbauchung beginnt, ein schmaler Ornamentstreifen (oben Blätter, unten die Maianderform). Durch die Henkel und je eine darunter befindliche Palmette zerlegt sich die Darstellung in zwei Theile:

1) Eine Frau (n. r.) im dorischen, gegürteten Chiton hält in der R. einen hohen Schilfstängel mit Blüthe, in der ausgestreckten L. ein bemaltes (vgl. H. HEIDEMANN in Arch. Zeit. XXX p. 94 Taf. 70) Tympanon. Das lockige Haar ist hinten in einen Knoten zusammengebunden und scheint mit einer Haube bedeckt zu sein. R. vor der Frau eine Pflanze und r. von dieser etwas höher ein sitzender Jüngling (n. r.), den Oberkörper n. l. wendend. Er trägt Sandalen(?). Von seinem Rücken hängt eine Chlamys herab. Er ist bekränzt. Mit der L. greift er nach einem r. von ihm aufspriessenden Weinstock(?), in der L. hält er ein Sistron(?).

2) R. und l. von einer Säule (Altar?) stehen zwei, eng in ihre Mäntel gehüllte und beschuhte Jünglinge, in der einen Hand einen langen Stock haltend, während die andere unter dem Mantel verborgen ist. Ueber der Säule hängt ein Geräth, durchaus ähnlich dem auf der Vase des Duris (abgebildet Arch. Zeit. XXXI Taf. 1) von AD. MICHAELIS (a. a. O. p. 7 Anm. 69) als zusammengebundene Mappe oder Schreibtafel erkannten Gegenstande.

170. Verschiedene Thongefässe.

Auf den Tafeln XXXXII, XXXXIII, LIV und LV finden sich bei LASINIO 46 thönerne Geräthe (Lampen, Vasen, Trinkschalen etc.) abgebildet, »trovati in un Ipogeo nel Paese di Terricuola ed in altri scavi«, welche, nach der mündlichen Aussage des Custode früher im Campo Santo aufgestellt waren, aber nach und nach zerbrochen sind. Uebrig gebliebene Scherben finden sich in der grossen Marmorvase No. 132 gesammelt.

IX. Sachregister.*)

A.

Acerra 41.
Ackersmann 58.
Adler 30. 74. 104. 110.
Adlerkopf 23(?). 60.
Admetos 8. 91. 99.
Aepfel 110. 112. 128.
Aehren 44(?). 77. 112. 151.
Agaue 52(?).
Agrippa, M. 80.
Alkestis 8. 91. 99.
Altar 7. 12. 19(?). 33. portativer 41. 50. 54. 90. 161. 166. 167. 169(?).
Amazone 53.
Amme 24.
Ammonskopf 73.
Ampelos 19.
Amphora 3. 81. 86. 125.
Ankaios 55.
Aphrodite 24. 56. 81.
Apollon 5. 7.
Ara s. Altar.
Areskopf 13.
Ariadne 12. 52. 112. 114.
Artemis 24. 55. 117(?).
Ast 26.
Atalante 55. 117(?).
Athena 7. 77.
Augustus 38. Vgl. Nachtrag.
Axt 41. 54. 148. 150. 157.

B.

Backenbart 13. 36.
Bakchantin 12. 19. 23. 26. 52. 96. 114. 132. 168.
Barbar 60. 116.

Bauer 24. 55.
Baum 24. 55. 77. 109. 115. 136. 140. 163.
Beil s. Axt.
Beinschienen 60.
Biga 6. 81. 86.
Birnen 134.
Blumen 30. 58. 85. 106. 151.
Böckchen 23(?). 52. 124(?).
Bogen 15. 24(?). 55. 90. 115. 155. 162.
Braut 41.
Bräutigam 41.
Brutus Jun.(?) 107.
Bücher 136.
Bugbild 58.
Bugspriet 37.
Bukranion 108. 134. 168.

C.

Candelaber 42.
Carmen nuptiale(?) 41.
Charon 44(?). 91.
Christus 63.
Cingulum 123.
Circusspiele 81. 86.
Cista 19(?), c. mystica 19. 23. 33. 52.
Consol 7.
Cucullus 163.
Cumerum 41(?).

D.

Deichsel 12. 23. 26.
Delphin 14. 42. 44. 45. 48. 86. 98. 106. 111. 120.

---

*) Die Zahlen beziehen sich auf die Nummern der einzelnen Gegenstände.

Demeter 77.
Desultor 81. 86.
Dionysos 12. 19. 23. 52. 112. 114. 126. 132.
Dioskuren 25. 41. 55. 103.
Diptychon 6. 126. 127. 130.
Donnerkeil 162.
Doppelaxt 55.
Doppelflöte 26(?). 52. 106. 114. 132.
Dreifuss 48.
Dreizack 106. 120.

E.

Eber 24. 55. 103. 117. 121. 163.
Ehepaar 41. 101. 117. 131. 138. 140. 146. 150. 152. 156. 161.
Eicheln 112.
Eichhörnchen 101.
Eidechs 69. 74.
Eier 86.
Endymion 115.
Ente 151.
Epheu 34. 96.
Eros 30. 161.
Eroten 7. 11. 12. 15. 21. 23. 24. 25. 30. 39. 45. 52. 57. 61. 63. 70. 74. 76. 81. 86. 93. 98. 101. 106. 111. 112. 113. 114. 115. 117. 124. 128. 134. 137. 139. 141. 145. 146. 149. 151. 155. 160. 162. 164.
Esel 41(?).
Eule 7.

F.

Fackel 9. 23. 30. 41. 48. 54. 59. 77. 94(?). 115. 146. 151. 155. 160. 162. 164.
Fächer 62. 62b. 99.
Farbspuren 63. 66. 125.
Faustina Senior 28.
Feigen 112. 128.
Fell 12. 19. 23. 24. 52. 55. 61 (Löwenf.?). 136.
Fels 52. 55. 74.
Flöten 12(?).
Flosse 106.
Franzen 41. 60.
Fruchtschwinge 23.
Früchte 33. 58. 85. 106. 116. 124. 141. 142(?).

Füllhorn 7. 30. 41. 44. 58. 76. 133. 141. 145. 156. 168.
Fussbank 8. 91. 125.

G.

Gaia 58. 77.
Galba 49(?). 100.
Gamaschen 136.
Ganymed 30. 87.
Gebüsch 55.
Gefäss 39(?).
Gefangener 128.
Geissel 81. 86. 113. 115.
Globus 7. 61.
Gorgoneion 41. 42. 68. 128. 131. 134. 168.
Grabhügel 66.
Granatapfel 33(?). 135. 149.
Grazien 1. 41.
Greif 7. 13. 19. 23. 27. 30. 33. 42. 48. 58. 86. 101. 116. 140. 141. 146. 155. 161.
Griffel 61. 93.
Grotte 7. 15. 21. 44. 136.
Guirlande 42 (Lorbeer). 57. 68. 69 (Lorbeer). 70. 74 (Eichenlaub). 97. 102. 104. 128. 134 (Lorbeer). 141. 149. 155. 168 (Eichenl.).

H.

Hadesthür 146. 162.
Hadrian 79.
Hagieus Bomos 61.
Hahn 149.
Halle 12. 19. 24. 25. 41. 55. 60. 135.
Halskette 54. 117. 148. 163.
Hamadryade 52.
Hand 82. 83. 87. 89.
Hase 15. 55(?). 63(?). 110. 117. 151. 163.
Haube 109. 169.
Helios 161.
Helm 7. 13. 23. 24. 25. 54. 60. 94. 100. 103. 128.
Herakles 46. 47. 95.
Heraklesmaske 61.
Herme 33.
Hermes 44(?). 77.
Hesperos 161.

IX. Sachregister.

Hippolytos 24.
Hirsch 23. 48. 103. 163.
Hirt 109. 136. 139. 140. 148. 160. 164.
Hore 115. 132.
Horn 58. 115.
Hörner 45.
Hund 9. 24. 48. 55. 103. 113. 115. 117. 137. 156. 163.
Hundskopf 166(?).
Hut 100.
Hymenaios 41. 77. 150.
Hypnos 44. 115.

I.

Jacke 94.
Jagdhund 24.
Jagdnetz 24. 55.
Jagdspeer 24. 113.
Jagdstiefel 24. 55. 113. 117.
Jahreszeiten 58. 63(?). 124. 151.
Imperator 38. 49. 60. 123.
Ino(?) 52.
Joch 81. 86.
Iris 77.
Juno pronuba 41. 150.

K.

Kaiserbüste (?) 3.
Kaninchen 124.
Kanne 50.
Kantharos 12. 23. 125.
Kappe 116.
Kasten 33. 59.
Kentauren 12. 23. 26. 114. 168.
Kentaurenweibchen 12.
Kessel 48.
Keule 33. 52. 61. 95.
Kissen 125.
Kline 8. 61. 90. 101. 117. 125.
Klio 61(?).
Kohlstaude 110.
Kopftuch 24.
Kora 77.
Koraraub 11(?). 77.
Korb 19. 27(?). 30. 33. 39. 58. 61. 77. 106. 124.
Köcher 15. 24. 33. 55. 115. 155.
Kranz 7 (Lorbeer). 10. 12 (Weinlaub). 12. 38 (Lorb.). 12 (Pinie). 38 (Lorbeer). 41 (Epheu). 47 (Lorbeer). 49. 52 (Weinlaub, Pinie). 58. 88 (Eiche, Lorbeer). 124 (Weinlaub, Aehren, Schilf). 160 corona sutilis?). 162 (?). 164. 165 (Lorbeer).
Kreuz 66.
Kreuzbänder 142.
Krobylos 84.
Krotalen 21. 52(?). 114.
Kürbis zu 37.

L.

Lagobolos 63.
Lanze 100. 103.
Limonen 128. 131.
Limus 41.
Löwe 23. 41. 95. 103. 121. 149. 154. 158.
Löwenhaut 12. 95. 163.
Löwenklaue 48.
Löwenkopf 123. 131. 153. 167.
Löwenwärter 158.
Lorbeerbaum 7. 15. 23. 30. 42. 48. 74. 163. 168.
Lyra 5. 7. 21. 44. 61. 106. 114. 168.
Luna 9.

M.

Mappe (?) 169.
Maske 19. 23. 52. 61. 62. 97. 115. 124. 135. 137. 165.
Mastbaum 37.
Matratze 90.
Medusa s. Gorgoneion.
Meer 98. 106. 111.
Meerthiere 41. 45. 113.
Meleagros 55. 117.
Melpomene 61.
Meta 81. 86.
Mischkrug 125.
Mispel 110. 112. 128.
Mithras 9. M.-diener 9. M.-symbole 9.
Modios 18. 94.
Mohn 115. 149.
Mondsichel 115. 117.
Muschel 14. 24(?). 45. 106. 120.
Muschelhorn 41. 61. 106. 150.
Musen 61.
Mütze, phrygische 60. 100.

N.

Nagel 76. 110.
Nebris 12. 19.
Neoptolemos 54.
Nereide 45. 70. 98. 106. 111.
Nimbus 63.
Nüsse 128. 134.
Nymphe 5 (?). 52. 77.

O.

Oineus 55.
Oinochoos 125.
Okeanos 5. 7. 30. 41. 44. 58. 77.
Omphalos 58.
Opferbinde 41.

P.

Palme 12. 152.
Paludamentum 60. 79. 100. 123. 128.
Pan 5. 23. 26. 114. 128. 132.
Panisk 52.
Panther 54. 60. 79. 100. 123. 128. 151.
Patera 10. 32. 35. 94. 125. 134.
Pedum 19. 23 (?). 30 (?). 52. 132 (?). 136. 137. 151.
Pegasos 146.
Pentheus 52.
Perlenschnur 42. 48.
Persephone 77.
Petasos 55.
Pferde 6. 24. 25. 41. 55. 60. 77. 86. 92. 100. 103. 113. 115. 154. 158. 161.
Pflug 58.
Pforte 31. 33. 76.
Phaidra 24.
Pilaster 19. 24. 48. 61. 93.
Pileus 25. 41. 55. 103.
Pinie 23. 52. 55. 58. 103. 113. 139. 163.
Pinienzapfen 110. 112. 128. 149.
Plektron 62 (?). 106. 114.
Plostrum 23. 113.
Pluton 77.
Popa 41.
Portraitkopf männl. 27. 29. 38. 40. 45. 49. 51. 61. 78. 109. 111. 124. 139. weiblich: 28. 71. 109. 124. 139.

Praefericulum 41.
Priamos 54.
Psyche 30. 161.
Puteal 53.

Q.

Quadriga 6. 77.

R.

Rabe 9. 69 (?).
Reh 163 (?).
Reiher 73. 85.
Reliefschmuck 33.
Rhyton 94.
Riemen 12. 100.
Ring 123. 149. 153. 155.
Rolle s. Volumen.
Ruder 30 (?). 44. 61. 106.
Ruthenbündel 66.

S.

Säule 114. 144. 169 (?).
Sandale 31. 34. 132.
Sattel 24.
Satyr 12. 19. 23. 75. 114. 128 (?). 132.
Satyrkopf 75.
Satyrmaske 69.
Scepter 27. 109.
Schafe 109. 136. 139. 140. 148. 149. 160. 164.
Schale 70. 106.
Schemel 77.
Schiff, zu 7. 37. 44. 58.
Schild 60. 76. 93. 94. 100. 103. 116. 117. 147. 148. 150. 152. 157. 162.
Schilfzweig 5. 7. 30 (?). 169.
Schlange 9. 19. 23. 33. 52. 68. 128.
Schlangenband 58. 94.
Schlauch 19. 114. 132.
Schmetterling 33. 74.
Schnürstiefel 123.
Schnurrbart 24.
Schöpfgefässe 41.
Schütz 19.
Schwalbe 85.
Schwert 54.
Schwertscheide 60.

IX. Sachregister.

Seegreif 45.
Seehirsch 98.
Seekentaur 45. 70. 106. 111.
Seepferd 98.
Segel 37.
Selene 115. 161.
Serapis 18.
Sichel 23 (?). 151.
Siegelring 94.
Silen 114.
Sirene 61.
Sistron 169.
Skorpion 9.
Spartores 81. 86.
Sphinx 22. 124.
Spina 81. 86.
Stab 25. 30 (?). 39. 41. 45. 52. 77. 98. 113. 117. 125. 139. 140.
Stein 24 (?).
Stephane 35. 41. 55. 94. 114.
Stier 9. 41. 44 (?). 58. 124.
Stierkopf 167.
Stock 24. 55.
Strahlenkrone 9.
Strick 55. 100.
Stuhl 60. 77. 125.
Suada 41.
Suggestus 60.
Syrinx 21. 70. 110. 130. 168.

T.

Tabu'ae nuptiales 151. 156.
Tafel 61.
Tasche 39 (?).
Tau 37.
Tempel 24.
Teppich 8. 61. 90. 117. 125.
Thalia 23 (?).
Thanatos 44.
Thiere 41. 44. 52. 53. 58. 103. 113. 124.
Thierkopf 23. 123.
Thierschädel 61.
Thür 146. 162.
Thyrsos 12. 19. 23. 26. 52. 112. 132.
Tisch 59. 125.
Togastatue 118. 119.
Treiber 117.
Triton 41. 61. 70. 98. 106. 150.
Troddel 125.
Trompete 100.

Tropaeum 60. 100. 128.
Tympanon 5. 12. 19. 21. 52. 114. 168. 169.

U.

Urania 61.
Urceus 32.

V.

Vase 52. 77. 104. 114. 122. 141. 142. 146. 151.
Venus s. Aphrodite.
Vexillarius 60.
Vexillum 60.
Victimarius 41.
Victoria 12. 44. 60. 93. 115. 141. 152.
Victoriakopf 16.
Virtus 23. 24.
Vögel 73. 76. 85. 97. 102. 104. 139.
Volumen 27. 41. 44. 61. 117. 123. 125. 131. 135 (?). 139. 139. 146. 152. 156.

W.

Wage 58.
Wagen 6. 12. 23. 81. 113. 115. 161.
Wagenlenker 6.
Wanne 33.
Wasser 33. 70.
Weinranke 67. 132.
Weinstock 19. 52 (?). 169.
Weintraube 15. 44. 69. 75. 128. 137. 149.
Wickelkind 2.
Widder 5.
Widderkopf 26. 33. 42. 48. 52. 64. 65. 73. 97. 102. 104. 110. 124. 167.
Wolfskopf 167.
Wunde 55.

Z.

Zeusmaske 43 (?).
Ziegel 165.
Zodiacus 58.
Zopf 28. 71.
Zügel 24.
Zweig 12. 52. 156.

X. Epigraphisches Register.

P. Aelius Aug. Lib. Lucifer 141.
Annia Jucunda 66.
M. Annius Proculus 66.
M. Annius M. F. Pal. Proculus Decurio Col. Ost. Fla. Div. Vesp. Patr. Fabr. Nav. Ost. 66.
Antonia Restituta 76.
P. Atilius Candidus 69.
Aufidia Victoria 74.
Q. Anquirinnius Secundus 59.
Q. Anquirinnius Gal. Severus 59.
M. Aur. Justinus Mil. Coh. IIII pr. 7. 101.

C. Bellicus Natalis Tebanianus XVvir Flavialium 128.
Ju. Brutus 107.

Calp. Photimus 108.
Aq. Calp. Rusticus Evok. 108.
T. Camurena Myron 52.
C. Cominius Posidonius 97.
Cons. 12. 128.
Zetho Corinthus 110.

Decurio Col. Ost. 66.

Evok. 108.

Fab. Procia 14.
Fabri Navales 66.
Flaviales 66. 128.

Gal. (trib.) 49.

P. Julius L (?) arcius Sabinus 12.
L. Lollius Commodus 20.
Julius Lucanus 12.

Q. Maecius Sedatus 32.
Mil. Coh. IIII pr. 7 101.

Occia Agile 59.

Pal. (trib.) 66.
L. C. Pisanus (?) 14.
Pompeia Primitiva 32.
T. Pompeius Primitivus 32.

Quindecimvir Flavial. 128.

R (?) asinius Chrysippus 20.

Saturnina Jovina 104.
Scribonia Hedone 101.
P. Sextilius Vitalis 68.
R. Spisna (Ropisna?) Vetiu Epii 94.
Stlaccia Elpis 42.
A. Stlaccius Eutychus 42.

Q. Tampius Hermeros 101.
Trib. pl. 12

Vibutia Albina (?) 20.

Nachtrag.

Zu No. 38. Das Portrait stellt den Augustus dar. Ein ganz gleicher Kopf mit der antiken Inschrift darunter:

DIVVS AVGVS
TVS PATEPA (sic!)

befindet sich in Florenz im Palazzo Peruzzi, Borgo dei Greci.

Zu No. 77. Der Sarkophag ist inzwischen ausführlich besprochen worden von R. FÖRSTER: »der Raub und die Rückkehr der Persephone«, p. 183 ff.

Druck von Breitkopf und Härtel in Leipzig.